车主养车用车全程图解

刘春晖　黄现国　黑会昌　主编

電子工業出版社
Publishing House of Electronics Industry
北京·BEIJING

内 容 简 介

本书将广大车主平时养车用车中所遇到或迫切想知道的各种问题经过精心挑选，结合最新汽车维修养护理念、用车常识，从汽车灯光的使用与操作、仪表指示灯及车内按钮功能解读、汽车空调使用与养护、发动机养护、变速器的使用、轮胎使用与养护、车辆常见油液检查与更换七个方面以全程图解的形式，将复杂的养车用车技巧表现出来。

本书适合汽车驾驶人、汽车驾驶人管理部门、道路交通行业大专院校学生和从事汽车驾驶人培训的教学人员阅读参考。

图书在版编目（CIP）数据

车主养车用车全程图解 / 刘春晖，黄现国，黑会昌主编 . —北京：电子工业出版社，2017.6

ISBN 978-7-121-31419-3

Ⅰ. ①车… Ⅱ. ①刘… ②黄… ③黑… Ⅲ. ①汽车－车辆保养－图解 ②汽车－使用方法－图解
Ⅳ. ① U472-64

中国版本图书馆 CIP 数据核字（2017）第 085043 号

策划编辑：管晓伟
责任编辑：管晓伟
特约编辑：李兴　等
印　　刷：中国电影出版社印刷厂
装　　订：中国电影出版社印刷厂
出版发行：电子工业出版社
北京市海淀区万寿路 173 信箱　　邮编：100036
开　　本：787×1092　1/16　印张：9.25　字数：237 千字
版　　次：2017 年 6 月第 1 版
印　　次：2017 年 6 月第 1 次印刷
定　　价：49.90 元

凡所购买电子工业出版社图书有缺损问题，请向购买书店调换。若书店售缺，请与本社发行部联系，联系及邮购电话：（010）88254888，88258888。

质量投诉请发邮件至zlts@phei.com.cn，盗版侵权举报请发邮件至dbqq@phei.com.cn。

本书咨询联系方式：（010）88254460；guanphei@163.com；197238283@qq.com。

FOREWORD 前言

随着国民经济的增长和居民收入的提高，汽车“开进”家庭已由理想变成现实，并逐渐普及。对许多人来说，以车代步，驾爱车穿梭于都市、忘情于山水，放飞驰骋的梦想，已是触手可及的事。随着使用时间的不断延长，爱车断断续续会出现很多意想不到的小毛病和小状况，不论是外观还是性能都会有所下降。看着每况愈下的爱车，您会很心焦。所以，养车用车的很多经验和方法对于您来说就极其重要了。

对于汽车的“养”和“用”应该这样来理解。“养”即维护与保养。维护与保养的区别在于，维护侧重于日常性，以清洁、润滑、紧固、补充为主，要求车主认真检查，不遗漏；而保养则更加侧重于周期性，以检测、调整、复位、更新为主，车主要做好平时记录，对各磨损件、消耗品的使用时间或行驶里程，做到心中有数，并按车型要求及时进行保养。可见，保养有强制的意味。从实施情况分析，维护项目大都由车主独立来完成，而保养项目车主可能只能完成其中的一小部分，而大部分项目则要由维修厂家（4S店）来完成。需要广大车主注意的是，应由厂家来完成的项目，车主一般不要自以为是，勉强作业，否则会对车辆造成更大的经济损失。

“用”也有两层含义：一是规范的驾驶操作；二是具体到汽车各个系统、配置及部件的正确使用。汽车的整体性能需要各系统、配置及部件来保证，本书在重点讲述对它们如何正确使用的同时，还明确指出了在使用时普遍存在的误区，以免车主因错误操作对零部件造成损毁。正确的使用也是一种维护。“养”和“用”结合才是延长车辆使用寿命的科学方法。

本书将广大车主平时养车用车中所遇到或迫切想知道的各种问题经过精心挑选，结合最新汽车维修养护理念、用车常识，从汽车灯光的使用与操作、仪表指示灯及车内按钮功能解读、汽车空调使用与养护、发动机养护、变速器的使用、轮胎使用与养护、车辆常见油液检查与更换七个方面以全程图解的形式，将复杂的养车用车知识表现出来。本书不仅能顺利解决车主在养车和用车过程中所遇到的实际问题，而且读后可将驾驶人培养成养车用车的“高手”，达到省时、省钱、省力的效果。

本书由刘春晖、黄现国、黑会昌主编，孙长勇、徐长钊、王学军副主编，参加本书编写工作的还有张孝菲、尚毅、刘凤阁、崔才才、刘光晓、张妍妍、乔华英等。本书在编写过程中得到了德州元盛鑫喜汽车销售服务有限公司、德州汇众汽车销售技术服务有限公司相关领导和维修人员的大力支持，在此表示感谢！

本书在编写过程中借鉴和参考了多家汽车类网站的相关养车用车的相关资料，听取了不少资深驾驶人的建议和意见，在此表示衷心的感谢！由于编者水平所限，书中难免有错误和不当之处，恳请各位专家、同行、广大有车一族朋友和读者批评指正。

CONTENTS

目　录

MAX
MIN

CHAPTER

第一章

汽车灯光的使用与操作

汽车灯光的使用与行车安全有着直接的关系，正确使用汽车灯光不仅可以保护自身的安全，同时可以营造出一个井然有序的交通环境。然而在我们的生活中，存在着一些人，他们“会开车”，但并没有真正用对灯光，常常是远光灯一开到底，给自己和别人都带来了安全隐患。

一 雾灯的使用及操作

雾灯，顾名思义就是雨雾天气里使用的灯光信号，其主要特点是雾中穿透性强，在能见度低的天气里，容易让车辆或行人及早注意到，从而有效预防事故的发生。不过需要注意的是，雾灯并不能当做日常照明灯使用。在能见度好的夜间使用雾灯，其恶劣影响丝毫不亚于滥用远光灯。雾灯可以分为前雾灯和后雾灯，前后雾灯及指示灯如图1-1所示。

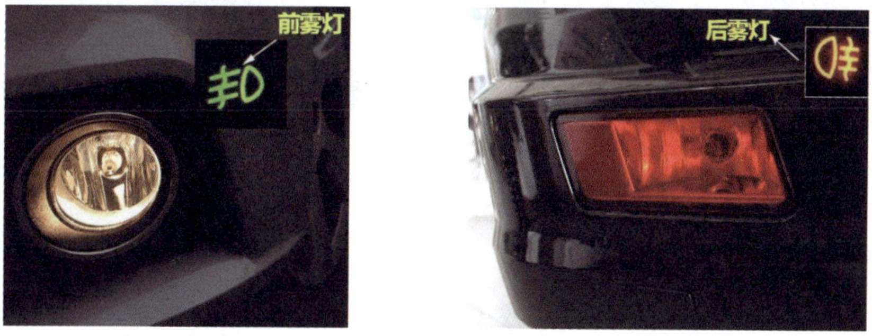

图 1-1　前后雾灯及指示灯

1. 雾灯和近光灯的区别

为什么说不能把雾灯当做日常照明灯使用呢？如图1-2所示的两张图片是在浓雾夜晚拍摄的，可以看出，雾灯的穿透力远超近光灯，浓雾也挡不住雾灯的光线，如在能见度好的情况下也开启雾灯，那么对面的驾驶人是感到非常刺眼的。雾灯和近光灯的区别在于照射角度、亮度、光源穿透性等，在这些方面，雾灯

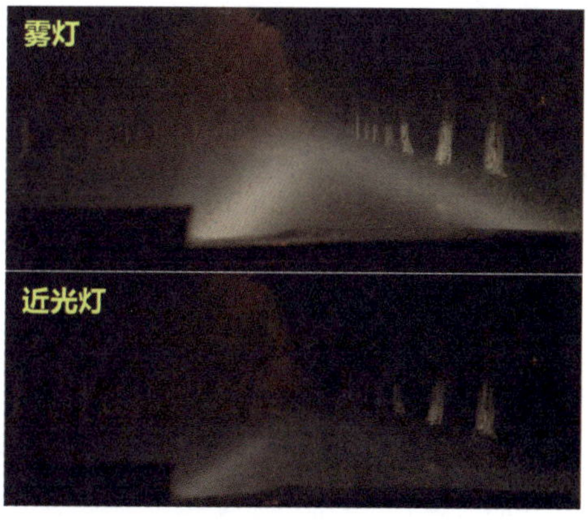

图 1-2　大雾天气下，雾灯和近光灯的透雾能力区别

都比近光灯要强。

2. 需要使用雾灯的情况

雾灯就是大雾天和其他能见度低天气下使用的灯。道路交通安全法规定，当雨雾天能见度小于200m时，机动车就应当开启雾灯（图1-3）。当然，这200m只是一个安全行车距离，是否要立即开启雾灯更多地还是要看实际情况。

另外很多车主觉得，在市区里车速不会太快，开不开雾灯都没有多大关系，其实这种想法是错的。这日常开车中，但凡符合以下一种情况就应该开启雾灯：

1）倾盆大雨时。大雨倾盆而下时（图1-4），开车人士的视线容易模糊，有时，很难判断周围的情况。这时，你就可以考虑亮起雾灯，提醒周围的驾驶人你的存在。

图 1-3　能见度不好情况开启雾灯

图 1-4　倾盆大雨时开启雾灯

2）雾霾笼罩时。大雾天一定要开启雾灯（图1-5），为了不撞别人也为了自己不被别人撞。

不过需要注意的是，雾灯虽然有助于让车辆或行人及早看到，但这并不意味着它可以在任何时候都能使用，尤其是在前后雾灯都开启时。雾灯在能见度好的环境下却会变得十分刺眼。刺眼的雾灯灯光，会对其他驾驶人的眼睛造成干扰甚至伤害，继而导致车祸发生。因此，不少国家的交通法规都明确规定：禁止车辆在能见度良好的情况下开启雾灯。

图 1-5　雾霾笼罩时开启雾灯

3. 在车内如何知道开启了雾灯

当然，并不是所有滥用雾灯的行为都是有意为之。一些新手可能会误开雾灯，而他们自己又没有发现，更不会意识到雾灯已对其他人造成干扰。其实我们只需要观察仪表板上的图标（图1-6）就能判断出来。

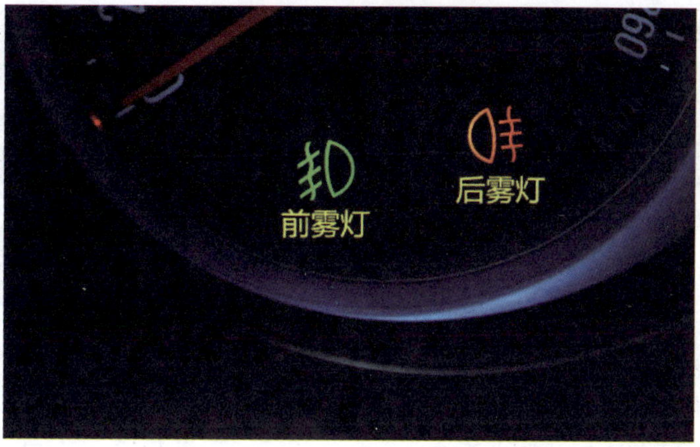

图 1-6　仪表板上的前后雾灯指示灯图标

4. 雾灯开关的安装位置

目前绝大部分在售车型，其雾灯开关都会设置在方向盘左后方或左侧，并且会有显眼的标志提示使用者。如图1-7所示，从操作便利性角度考虑，上面这种旋钮式开关更好用。

图 1-7　雾灯开关的安装位置

5. 雾灯的开启方法

开启示宽灯之后，就可以开启雾灯了。其中，前雾灯是可以单独开启的；后雾灯只能与前雾灯同时开启，无法单独开启。雾灯开关的样式主要有两种，分别是按键式和旋钮式。不同的汽车厂商，都会有自己惯用的雾灯开启方式。

1）按键式雾灯开关。如图1-8所示，这种雾灯开关在通用及福特等美系品牌车上比较常见。这种开启方式的特点是操作方便，一按即能实现相应的功能。

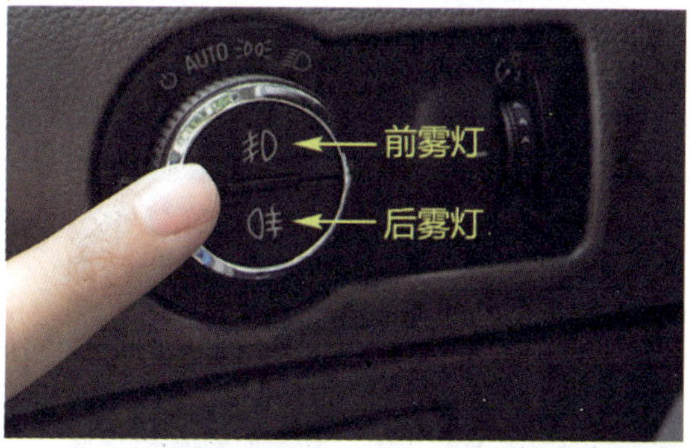

图 1-8　按键式雾灯开关的开启方法

2）旋钮式雾灯开关。这种雾灯开关本身还分为两种类型：一种是集成在左拨杆（转向灯拨杆）上，如图1-9所示，拧动拨杆中间部位的旋钮，选择开启前雾灯或后雾灯，常见于自主品牌及日系品牌车型；另一种则是以旋钮形式独立设置在中控台左侧区域，如图1-10所示，这种雾灯开关的开启先将旋钮拧至任意灯泡挡位，再拉动旋钮选择开启前后雾灯，大众系车型是这种雾灯开关的典型代表。

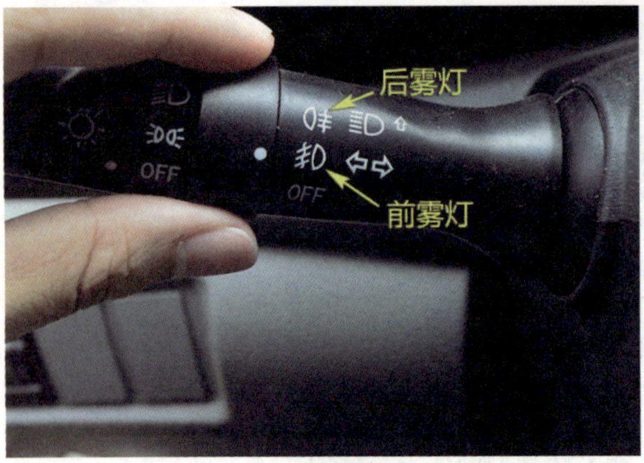

图 1-9　集成在左拨杆上的雾灯开关

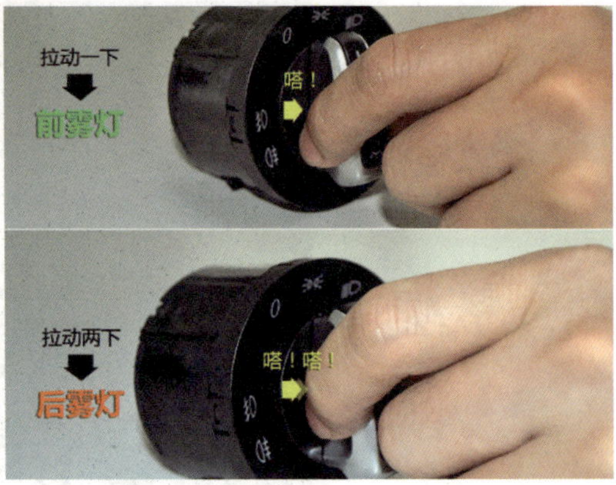

图 1-10　中控台左侧区域旋钮式雾灯开关

雾灯犹如一把双刃剑，用好了能在很大程度上减少交通事故的发生，如果没用好，就可以成为事故发生的导火索。所以，广大新手车主们一定要记住：雾灯只有在能见度低下的环境中，才能发挥其应有的作用。

二　转向灯的使用及操作

转向灯是机动车辆在转向时提示周围车辆及行人注意避让的警示灯，开启转向灯时，灯会反复闪烁，这样是为了引起周围人们的注意，以免发生交通事故（图1-11）。车主们在开车上路时一定要养成打转向灯的习惯，不要盲目驾驶。

图 1-11　转向灯开启

1. 车内怎么判断是否开启了转向灯

判断自己是否已经开启了转向灯，其实很简单，就是看仪表上是否有转向指示灯闪烁（图1-12）。该指示灯是用来显示车辆转向灯所在的位置，通常为熄灭状态。当车主点亮转向灯时，该指示灯会同时点亮相应方向的转向指示灯，转向灯熄灭后，该指示灯自动熄灭。

图 1-12　转向时转向指示灯工作

2. 转向灯开关安装位置及开启方法

转向灯开关通常是安装在方向盘左边，其操作方法可归结为上“右”下“左”四个字，其中转向灯往上打（顺时针）表示向右转，往下打（逆时针）表示往左转（图1-13）。这样设计也是为了符合人体感觉，更符合人体的操作思维。不过随着汽车发展，现在不少汽车双闪灯开关上都增加了“一触三闪”的快拨功能。驾驶人只要轻轻“点”一下拨杆，转向灯会闪三下然后自动熄灭。这样车主在变线超车时，就可以免去熄灭转向灯操作的麻烦。

与常规的转向灯开关不同，有的车型如法拉利的转向灯开关（图1-14）比较特别，是装在方向盘上面的。

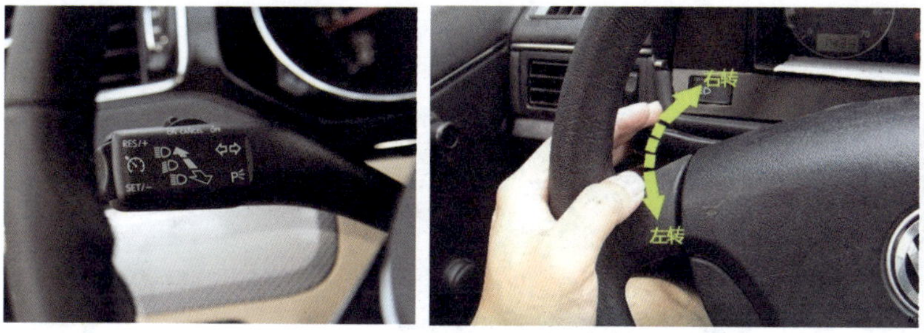

图 1-13　转向灯开关的开启方法

图 1-14　法拉利的转向灯开关

3. 需要开启转向灯的情况

转向灯是我们最常使用到的灯光，它可以明确提示周围车辆你即将行驶的方向。但在行车过程中发现很多车主并不怎么打转向灯，甚至有些车主并不清楚什么情况下该使用转向灯，给行车带来很大安全隐患。因此，弄清转向灯的使用范围是非常有必要的。

应该注意的是：打转向灯主要是为了告知后方车辆，自己要转向了，要注意避让。所以，在准备转向时，应提前10 ~ 20s的时刻打灯，给后面驾驶人留有足够时间反应。

1）超车先打左转向再打右转向。按规定必须从左侧超车，所以需要先打左转向灯，等超车之后，要返回原车道时，再打右转向灯（图1-15）。

2）进入高速时打左灯，驶离高速时打右灯。因为进入高速是往左拐，而驶离高速都是往右拐。同理辅路驶入主干道时打左转向灯（图1-16），由主干道驶入辅路则打右转向灯。

图 1-15　超车时转向灯的使用

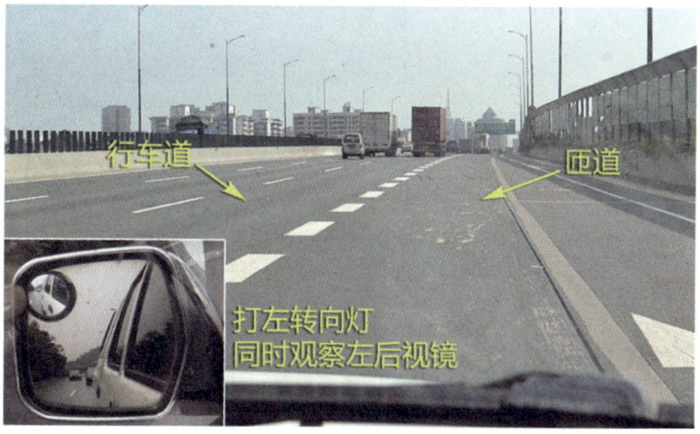

图 1-16　进入高速公路打左转向灯，观察左后视镜

3）靠路边停车时打右转向灯（图1-17），从停车处起步时打左转向灯。道理很简单，靠马路停车都是往右拐，所以打右转向灯，从马路驶离时，都是往左拐，所以打左转向灯，如果你的方向不对，那说明你逆行了。

4）掉头时需打左转向灯。掉头一般都向左拐，所以打左转向灯（图1-18）。如果往右掉头，就逆行了。打左转向灯是为了提醒后方车辆不要从我左边过。

5）变更车道时需要打转向灯。养成良好的习惯，每次变更车道时都需要打转向灯（图1-19），向左变更车道打左转向灯，向右变更车道打右转向灯，以提醒周围车辆注意，避免因疏忽而造成意外。

图 1-17　靠路边停车打右转向灯

图 1-18　路口掉头打左转向灯

图 1-19　变更车道时打转向灯

6）提前打转向灯。在准备转向时，应提前10 ~ 20s的时间打灯，给后面驾驶人留有足够时间反应，但有时候要根据路况及交通状况和车速综合判断要提前多久打转向灯，但一般不要低于10s钟。

注意事项
Matters needing attention

在转弯幅度较大时，转向灯会自动回复，不需要自己拉回原处；当转向灯坏掉时，应及时修理，以免酿成惨剧。

4. 环岛行车转向灯使用

如图1-20所示，环岛在城市道路中十分常见，其作用是为了减少车辆行驶冲突。环岛中怎样使用转向灯呢！环岛的正式名称是“环形路口”，它是为了减少车辆行驶冲突，而在多个交通路口交汇的地方设置的交通设施，多为圆形。环岛能使车辆按同一方向行驶，将冲突点转变为通行点，能有效地减少交通事故的发生。

图 1-20　环岛

通常情况下，环岛会被设置在多路口（3个路口以上）的路段，除右转车辆之外，其余前往各路口的车辆都要进入环岛绕行。环岛内一般会设计成四车道：左侧车道用于左转，中间两车道用于直行，右侧车道用于右转驶出环岛。

1）进环岛左转。假如车辆要左转，则要选择环岛内左侧车道。由于车辆需要从岛外切入内道，因此车辆进入环岛时应打左转向灯，告诉岛内车辆及后车“我要切内道左转，注意了”。车辆驶出环岛前，应提前打右转向灯，确认安全后从内侧车道开始往环岛外变线，最后驶出环岛。

2）进环岛直行。假如车辆要直行，则应该选择环岛内中间车道。由于车辆进入环岛后不需要变换车道，因此车辆进入环岛时不需要打左转向灯；当车辆准备出环岛继续直行时，由于要跨越环岛内右侧车道，因此需要打右转向灯提示其他车辆注意，然后驶出环岛。

3）进环岛右转。假如车辆要右转往其他路口，可选择环岛内右侧车道，也可从环岛外围右转。车辆驶入环岛时的情况与直行状态相似，因此也不需要打左转向灯；当车辆选择对应路口后，应提前打右转向灯，确认安全后右转驶出环岛。

4）在顺利进入环岛后，要减速慢行，如果离出口较近，可以保持在环岛外侧车道行驶，如果离出口较远，可以尽量靠左行驶，同时观察四周车辆。驶离环岛时打右灯（图1-21），其目的是给后方车辆以及对向车辆提醒。

通过以上情况的分析，车辆驶入环岛时需要打左转向灯的情况只有一种，就是左转行驶，其余两种情况均不需要打左转向灯。而车辆驶出环岛时则必须打右转向灯。

图 1-21　离开环岛开启右转向灯

5. 转向灯使用注意事项

在日常行车的过程中一定遇到过“打灯不转向，转向不打灯”的情况。面对前者，有时可能只是一场简单的误会。而面对后者，我们呼吁提高自身的道德素质，或者及时检修自己的转向灯光。除此之外还须注意：

1）关闭双闪再打转向（无转向优先功能）。很多车型没有转向优先功能，所以在开启双闪的情况下如果要打转向的话，应先关闭双闪再打转向灯开关，否则无法区分转向意图。

2）能快速识别转向灯是否有故障。转向灯采用的闪光器分为有触点式的闪光器和无触点式的闪光器两种。无触点式转向灯有故障时，仪表板上对应的转向指示灯就会不闪烁，而有触点式的转向灯出故障时，其对应的仪表指示灯闪烁频率会加快。所以，车主在行车过程中要多注意闪光指示灯的闪烁频率变化，如果出现以上的现象，则表明闪光灯出故障了。

转向灯作为一个信号灯，其在日常行车过程中，担当的主要责任是提示周围的车辆，指示你即将行驶的方向，让其他车辆注意避让，以免发生碰撞。所以，不管是转弯、并线、起步还是停车，只要你打方向盘让车辆离开原车道了，哪怕是临时借半个车道超车或躲避，也必须提前开启转向灯，这是安全驾驶的基本原则。

三　双闪灯的使用及操作

双闪灯全名叫“危险报警闪光灯”，也是我们常说的“双蹦灯”。它也是汽车上的一个信号灯，主要作用是提醒其他车辆与行人注意本车发生了特殊情况，让大家及时避让（图1-22）。

图 1-22　双闪灯的使用

1. 需要使用双闪灯的情况

作为一个信号灯，双闪灯的使用范围是有严格规定的，滥用或者不用都可能面临罚款。双闪灯的使用范围是在开车过程中，如果需要其他车辆减速甚至停车来避让你，则通常情况下就需要开启双闪灯。具体有以下几种情况。

1）临时停车时。临时停车是很多车主最常做的事，也是最容易忽视安全的地方。现实生活中，很多车主临时停车就是直接往边上一停，不开双闪也不放三角警示牌。其实，这是非常危险的一种行为：不开双闪很难让其他车辆的驾驶人第一时间发现你，当他发现你时往往已经没有时间制动了。所以，临时停车一定要记住：及时开启“双闪”。

2）车辆发生故障或交通事故时。车辆一旦发生故障或交通事故，车辆要么是停在道路中间，要么就是在缓慢地移车。如果不及时开启“双闪”（图1-23），后面到来的车辆就无法判断前方车辆的情况，尤其是在道路车辆比较拥挤的情况下，容易引发连环交通事故。

另外，发生这种情况时，车主除了要亮起双闪灯，还要在车辆后方200m左右的地方设立三角反光板（图1-24），对后面来车做出警示，避免追尾事故的发生。

图 1-23　车辆交通事故打开双闪

图 1-24　亮起双闪灯的同时要设立三角反光板

3）牵引故障机动车时。牵引车辆车速较慢，如果后方的车辆不能看出前方是在牵引（图1-25），误以为是在正常行驶，可能会长时间跟在后面而不知前方道路其实很畅通，造成交通拥堵，甚至可能追尾。

4）组成交警部门允许组成的车队时。车队开双闪相信大家都看过，最常见的就是婚车队、车友会活动等（图1-26）。但习以为常地开双闪是不对的，也不被交警部门允许，这种行为就是典型的成全自己，恶心别人。除非是交警部门允许组成的车队，否则不允许开启双闪灯。还有一种情况很多车主也喜欢开双闪，就是雨雾天。

《道路交通安全法实施条例》第八十一条（二）明确规定：“机动车在高速公路上行驶，遇有雾、雨、雪、沙尘、冰雹等低能见度小于100m时，开启雾灯、近光灯、示廓灯、前后位灯和危险报警闪光灯，车速不得超过40km/h，与同车道前车保持50m以上的距离”。

图 1-25 牵引故障机动车时

图 1-26 车队打开双闪

不过需要注意，雨雾天开双闪（图1-27）虽然是合法但这是一种不合理的行为。因为雨雾天开启双闪灯不仅会很刺眼，影响后面驾驶人的视线，而且还屏蔽了转向灯功能（也有少部分车型有转向优先功能），让后面的车辆无法区分哪些前车是静止的，哪些又是行驶中的，反而增加了安全隐患。所以，如果你不符合上面讲的这些条件，请不要打开你的双闪灯！

图 1-27 雨雾天气尽量不要开“双闪”

2. 双闪开关的位置及开启方法

与其他灯光开关集成在一起不同，双闪灯开关比较特别一点，它是独立存在的，而且双闪开关标志特别明显，一个红色的三角。常见的双闪灯开关都是位于方向盘右边的中控台上（图1-28），不过也有个别车型的双闪开关是位于中控台的下方。

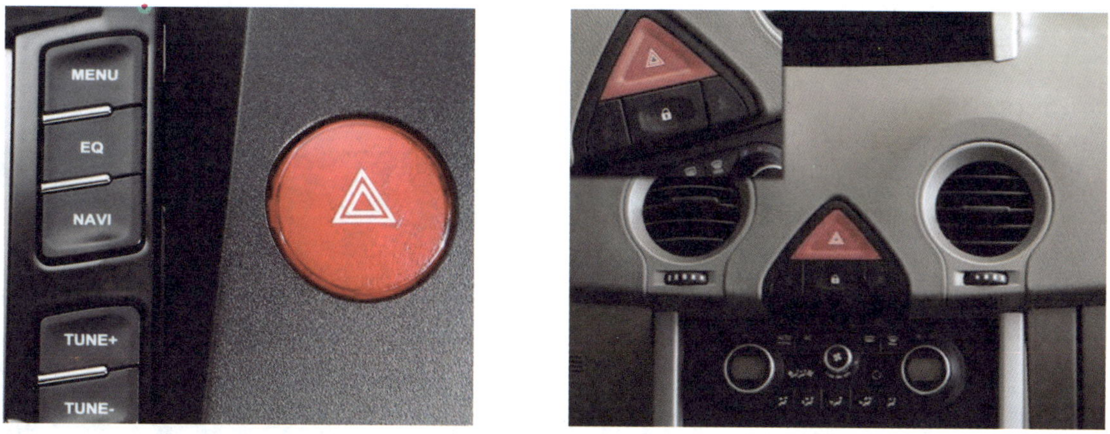

图 1-28 双闪开关安装位置

四 示廓灯的使用及操作

示廓灯也叫示宽灯，俗称小灯。光从字面上看，“示”是警示的意思；“廓”有轮廓之意，如图1-29所示，示廓灯是一种警示标志的车灯，是用来提醒其他车辆注意的示意灯。这种灯一般安装在汽车顶部的边缘处，这既能表示汽车高度又能表示宽度。安全标准规定在车高高于3m的汽车必须安装示廓灯。

a）前示廓灯

b）后示廓灯

图 1-29　示廓灯

前示廓灯一般为白色光源，方便来车会车时可以清楚知道你的车身宽度和车子位置，提高安全性。简单地说就是，示廓灯最大功效，不是在于美观！而是在于提供车辆的被辨识性，即让其他“道路使用者”更容易看清汽车，让其知道有一辆车开过来了。后示廓灯一般为红色光源，增加光源穿透性，可以让后车在视线不清晰的情况下更加容易发现前车，避免因视线不清无法及时发现前车导致车祸发生。

1. 示廓灯的开启方法

如图1-30所示，一部车上会有许多类型的灯光选择，车主可以根据车上标示找到开启示廓灯的挡位，前后亮的灯就是示廓灯。

有的车型当车灯打到示廓灯挡位时，相应的仪表板上也会亮起相应的标志，同时仪表板上的仪表照明灯也会点亮（图1-31）。但也有些车型仪表板上是没有示廓灯标志的，但可以通过仪表板上的照明灯判断是否正确点亮示廓灯。

图 1-30　示廓灯开关的安装位置

图 1-31 示廓灯亮时仪表上示廓灯标志点亮

2. 示廓灯开关类型

示廓灯开关有两种，分别是旋钮式和拨杆式。如图1-32所示，车主可以根据车上标示找到开启示廓灯的挡位，前后亮的灯就是示廓灯。

图 1-32 示廓灯开关的类型

3. 需要点亮示廓灯的情况

示廓灯是一种警示标志的车灯，主要是在能见度低的天气下，用来提醒其他车辆注意。不过，由于前照灯开启时，示廓灯也同样会开启。所以，在日常驾驶过程中，很多人都没有开示廓灯的习惯，他们要么直接开前照灯，要么就什么都不开。交规规定具体使用范围有以下几种情况需要打开示廓灯。

（1）天色昏暗的情况下行车开启示廓灯

根据交通法的规定，夜间行车必须同时开启示廓灯和后位灯。而在傍晚时天色昏暗但又尚无须开启前照灯时，应开启示廓灯警示前后车（图1-33），让别的车辆更容易发现你的车辆，避免发生危险。

图 1-33 天色昏暗的情况下行车开启示廓灯

（2）雨天行车开启示廓灯

如图1-34所示，在下雨天驾驶人视线模糊不清时，有必要开启示廊灯，对前车或者后车都起到警示作用，可以让其他“道路使用者”及时发现你的车，尽量避免造成伤害。

（3）雾霾天气行车开启示廓灯

雾天，由于能见度降低，视野变窄，视线模糊，行进车辆中的机动车驾驶人很迟才能看清前方障碍，例如行人、慢行车、故障车、事故车、凹坑等，或者由于自己未及时开启防雾灯等灯光而不能被其他车辆的驾驶人发现，很容易发生交通事故。所以在开启雾灯的同时，也必须开启示廊灯，尽量给路面“其他道路使用者”警示作用（图1-35）。其实很多车型的设计雾灯是不能单独开启的，在开启雾灯前要打开示廓灯，再开启雾灯才能工作。

图 1-34　雨天行车开启示廓灯

图 1-35　雾霾天气的情况下行车开启示廓灯

《交通法》相关规定：第六十条，机动车在道路上发生故障或者发生交通事故，妨碍交通又难以移动的，应当按照规定开启危险报警闪光灯并在车后50m至100m处设置警告标志，夜间还应当同时开启示廓灯和后位灯。夜间发生故障或事故未开示廓灯和后位灯的罚款200元。

3. 示廓灯使用误区

在日常行车过程中，有不少驾驶人会用示廓灯代替近光灯在黑暗中行车，殊不知，这是很危险的。因为示廓灯只是用来提醒其他车辆，并不能照亮前方道路。

《交通法》相关规定：第六十条，机动车在道路上发生故障或者发生交通事故，妨碍交通又难以移动的，应当按照规定开启危险报警闪光灯并在车后50m至100m处设置警告标志，夜间还应当同时开启示廓灯和后位灯。夜间发生故障或事故未开示廓灯和后位灯的罚款200元。

五　日间行车灯的使用及操作

日间行车灯（图1-36）的英文名叫“Daytime Running Light”，简称DRL。首先它的作用不是照明，而是为了让前方和对向车辆注意到你所驾驶车辆存在的位置，这是它最根本的设计初衷。日间行车灯这个概念是由欧盟国家提出。因为欧盟地区国家经常下雪、下雾，能见度很低，所以一些国家出台规定：白天行车也必须开灯。

图 1-36　日间行车灯

1. 汽车采用日间行车灯的原因

白天开日间行车灯，一是可提高对运动中车辆的可视性，利于驾驶人遇到情况及时采取措施；二是有利于集中驾驶人、特别是疲劳驾车驾驶人的注意力。此外，也可遏制行人和非机动车横穿公路现象。据了解，行车时开启前灯（图

1-37），可降低12.4%的车辆意外，同时可降低26.4%的车祸死亡概率。

2. 日间行车灯的开启

与其他汽车灯光不同，日间行车灯没有开关（除了后期改装的日间行车灯以外），不能随意开启或关闭。通常是随发动机起动而自动开启，随驾驶人打开常规照明灯后而自动熄灭。

图 1-37 日间行车灯

当然，如果你硬要关掉日间行车灯还是有办法的，就是将日间行车灯整个功能关掉。常见的办法是先插入汽车钥匙，然后把钥匙拨到第一挡，接着向左打转向灯同时向上提拨杆打开远光灯。此时不要松手，接着将钥匙拨到第二挡（自检），等听到响声就可以了。

3. 晚上不能开启日间行车灯

日间行车灯，顾名思义就是白天使用的灯。如果用在晚上，就会像图1-38所示一样，驾驶人既得不到应有的照明，还会很刺眼而影响行车安全。日间行车灯虽然从外面看很亮，但是它的实际照明效果很弱，对于车内的驾驶人来说几乎起不到照亮路面的作用。所以，晚上请记得开前照灯。

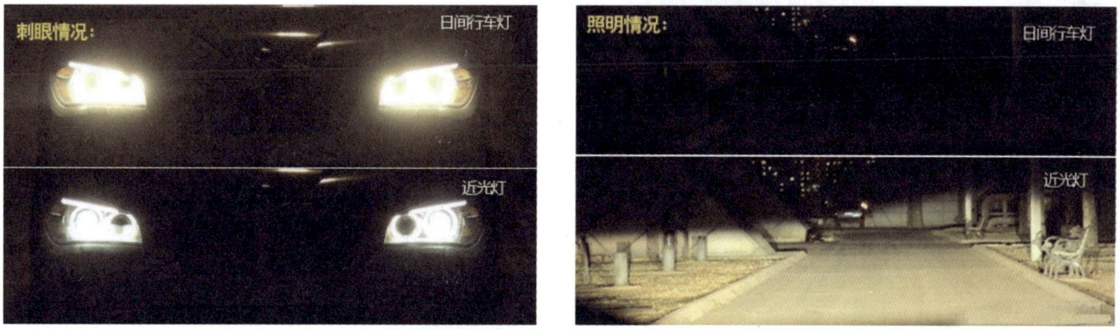

图 1-38 日间行车灯与近光灯的刺眼情况与照明情况对比

4. 示廓灯与日间行车灯的区别

从用途上来说，日间行车灯和示廓灯是一样的，都是用于提醒其他车辆或行人注意的示意灯，区别在于前者是白天使用，后者是天色较暗的情况下使用。

六 前照灯的使用及操作

汽车前照灯主要担负夜间行车的照明工作，可以说是汽车的“眼睛”（图1-39）。

图 1-39　汽车前照灯

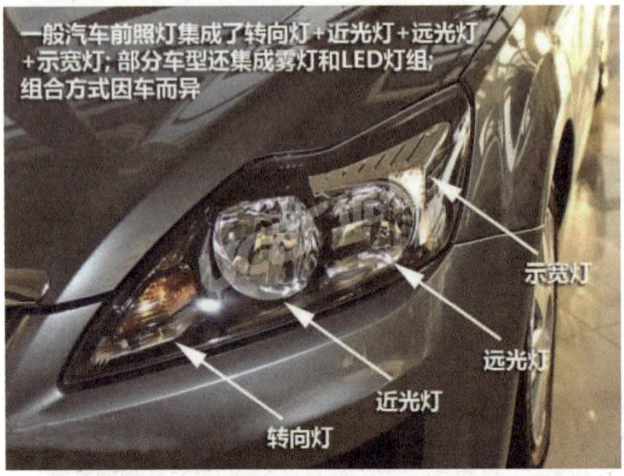

图 1-40　前照灯中的远光灯和近光灯

1. 汽车前照灯的类型

汽车前照灯包括远光灯和近光灯（图1-40），远光灯和近光灯的作用都是用来照亮车辆前方道路。区别是，一个照射得近，一个照射得比较远。通常情况下，近光灯的照射距离约30～40m，照射范围大约160°，远光灯则光线较为集中，亮点大，可以照射到更高更远的地方（照射距离根据前照灯材质不同会有差异）。

2. 需要使用前照灯的情况

1）视线不好时。汽车前照灯最大的作用就是照明，晚上或者雨雾等视线较暗的情况下都应该开启前照灯。不过需要注意，雾天和会车时请勿开启远光灯。

2）需要传递信息时（没有法律规定，只是约定俗成）。除了用于照明以外，汽车前照灯还有一个作用，就是作为驾驶人之间交流“语音”（表1-1）。正确地使用灯语，可以避免一些事故的发生，并且能起到“提醒”“警示”的作用。

表 1-1　汽车灯语含义

闪一下	提示前方车辆让出车道
闪两下	会车时，提醒对方把远光灯切换为近光灯
闪三下	提示前方驾驶人其车辆出现了故障，应停车检查
连续闪前照灯	拒绝旁边车道的并道要求，提醒行人或非机动车他们所处的是机动车道

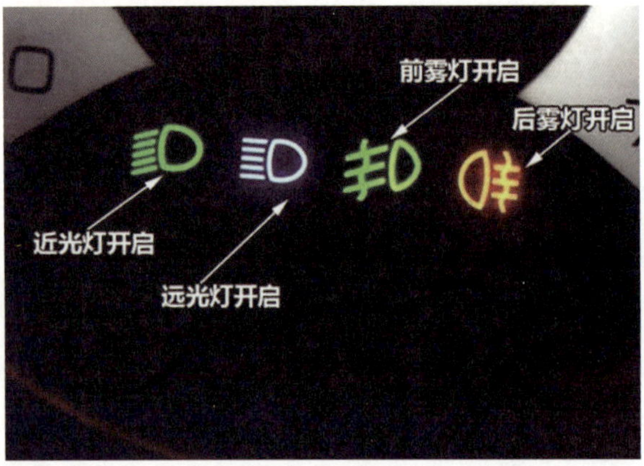

图 1-41　仪表上的远光灯和近光灯指示灯

3. 怎么看自己是开近光灯还是远光灯

看有没有开远光灯很简单。虽然远光灯和近光灯的标志很像，但还是很好区别的。如图1-41所示，右边带直线的是远光灯的标志，斜向下线条的左侧图标就是近光灯的标志（部分车型近光灯开启不会有仪表指示）。

4. 怎样开启远光灯

目前市面上大多数车型，灯光控制机构都放

置在方向盘左侧（图1-42），远光灯和近光灯的操作都是在方向盘左侧完成。不同的是，近光灯开关有的是在左侧操纵杆上的，有的是在左侧独立灯光旋钮上的（图1-43）；而远光灯开关则都在左侧操纵杆上。

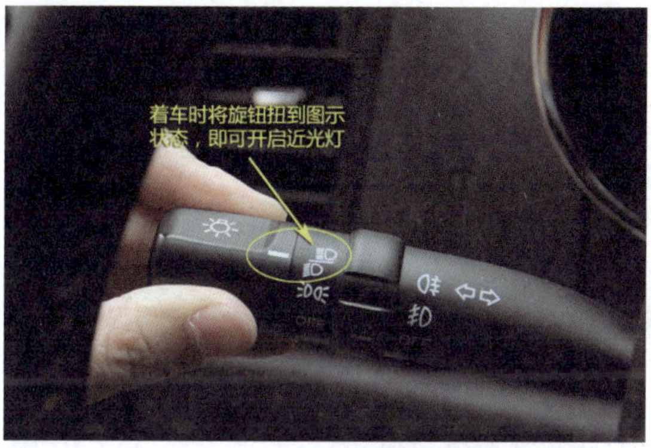

图 1-42　灯光控制机构

图 1-43　独立灯光旋钮

要打开远光灯有两种方法：①是左侧操纵杆往驾驶人方向拨，远光灯开启，松手后操纵杆自动复位，远光灯关闭（图1-44），这种操作称为“闪灯”（拨一下，松手），平常我们开车时可用这种方式提醒其他车辆或行人注意；②是将操纵杆往远离驾驶人的方向推（某些品牌则方向相反，比如标致和雪铁龙），此时远光灯常亮（图1-45），手动再次将操作杆拨回原位后，远光灯关闭。

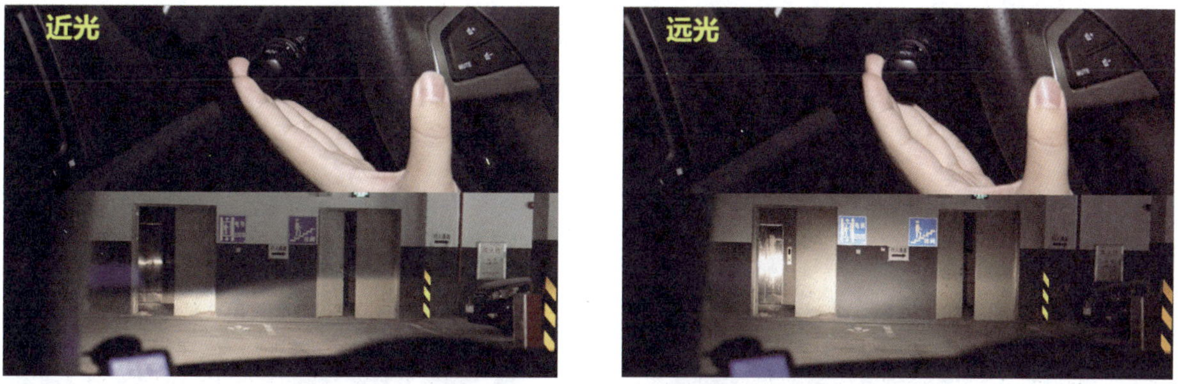

图 1-44　“闪灯”的操作方法

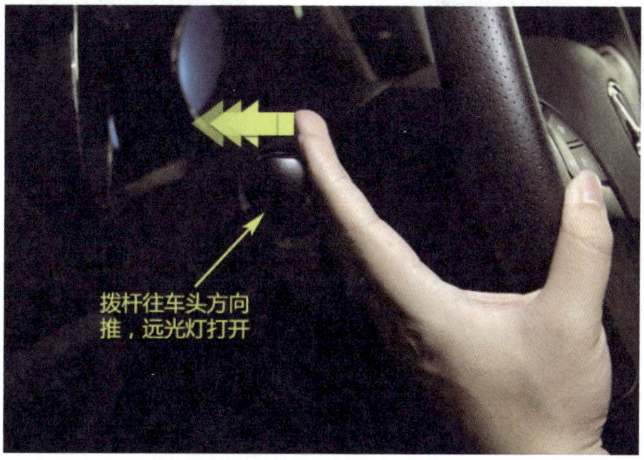

图 1-45　远光灯打开方法

5. 为什么夜间会车要切换近光灯

晚上开车用远光灯，不仅影响对向车道的车辆，而且对同向前车也是一大骚扰。若前车需要变道，但一看后视镜，却是一大片白色眩目光，要是在夜间高速公路上行驶，危险程度可想而知。夜晚在城区道路行驶，是完全不需要开启远光灯的。因为远光的角度太高，很容易晃到对面来车和周围行人的眼睛，影响他们的视线，从而给行车带来很大的安全隐患。另外，会车开远光灯也是一种不礼貌的驾驶行为，很容易引起其他车主的不满。

近光灯的光是往下照射，在车前的12 ~ 18m之间，有非常明显的光束明暗截止线（图1-46），其光束明暗截止线后面30 ~ 40m的区域范围内，依靠地面反射光线，能辨别此区域色调鲜艳的物体，但对路面静止不动暗色调的物体，则不易察觉。所以夜间行车要格外小心。

图 1-46　远光灯和近光灯的对比

6. 正确使用远光灯

只要我们正确使用远光灯，它就能给我们的夜间行车带来更多的安全。

1）适当开启远光灯有利于“认路”。当我们去到一些陌生、车辆稀少的地方时，为探清前方的路况，可以适当开启远光照明，但必须是在确保对向车道没有车辆的情况下才能开启远光灯。如图1-47所示，不知道前方能否通行车辆，这时便可开启远光灯来“探路”。如图1-48所示开启远光灯之后可以看到前方路是不通的，如果没有开启远光灯就贸然开过去，很容易发生意外。

图 1-47　近光灯开启

图 1-48　远光灯开启

根据《中华人民共和国道路交通安全法实施条例》第四十八条第五款规定，夜间会车应当在距相对方向来车150m以外改用近光灯，在窄路段、窄桥与非机动车会车时应当使用近光灯。若在探明路况或者对向车道有来车的情况下，此时应提前150m将远光灯切回近光灯模式。

2）适当使用远光灯提醒对向来车。如果行车过程中遇到对向来车开启远光灯，我们该怎么办呢？晚上开车遭到对向车辆远光灯“袭击”（图1-49），相信大多数驾驶人都有这种经历。也许那一刻连揍人的冲动都有了。但不管怎么说，冲动是魔鬼，理智的我们还是需要冷静下来——可尝试“闪”一下灯，提醒对向车辆把远光灯切回近光灯。

若此时对方还无动于衷，我们也不要做出过激行为或者同样把远光灯打开与对方对射。这时最好的应对方法，就是把车速适当降下来，若该路段还有行人乱穿马路的现象（图1-50），则更应该缓慢小心地通过，也不要乱打方向盘，避免偏离车道。

图 1-49　遭到对向车辆远光灯“袭击”

图 1-50　远光灯下行人穿越马路

7. 需切换近光灯情况

车主在行车过程中，在遇到以下几种情况时需立即将远光灯换成近光灯：① 对面有车开来；② 离前面同方向的车距离较近；③ 当路上已经有足够的照明度；④ 进入交通繁忙的街道时。

8. 自动前照灯

自动前照灯，能让行车在需要前照灯照明时，免去驾驶人找前照灯开关的过程，更加方便。当汽车行驶中光线变暗时，前照灯会自动亮起，当光线变亮时会自动熄灭。尤其是在天刚刚黑的时候很多驾驶人都忽略了前照灯的开启，常常在视线非常不好的情况下才想到要开启前照灯，而这一举动存在着严重安全隐患。有些驾驶人夜间经常忘记开前照灯，自动前照灯能帮助避免此类情况发生。

自动前照灯可以在环境光不足时开启，确保行车安全。应该注意的是，自动前照灯只有在灯光控制调到自动（AUTO）挡时有效（图1-51）。自动前照灯的工作原理是在前照灯上安装了感光控制系统，中央智能控制盒根据光线传感器来判断光线亮度变化，从而控制自动点亮或熄灭前照灯。

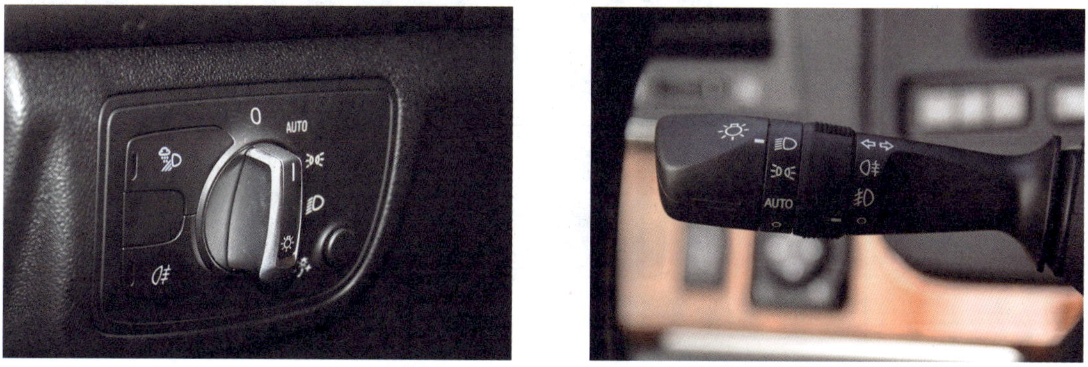

图 1-51　带有自动前照灯功能的开关

CHAPTER

第二章

仪表指示灯及车内按钮功能解读

一 车内仪表指示灯功能解读

大家都知道车辆在使用过程中难免会出现或大或小的毛病，如果没发现将会对爱车造成不小的损害，而车又不会说话，所以仪表板是驾驶人最好的“对话框”，车辆的各种状态在这里可以一览无遗，所以关于仪表板的图标我们必须要弄懂，对于驾驶人来说很重要，必要时还能救你一命。分布在仪表板里的指示灯（图2-1）大致上可以分为三类。

第一类　日常指示灯，就是平时开车时最常见的转向信号灯、灯光指示灯、安全带指示灯、定速巡航指示灯、驻车指示灯等都属于这一类，它们只起到车辆各功能工作状态的提示作用，平时都很常见。

第二类　有警示功能的指示灯，如燃油存量指示灯、车窗清洗液位指示灯，这类指示灯警告车主只要尽快添加相应油液即可排除。

第三类　故障类指示灯，包括发动机（排气系统）故障灯、机油系统故障灯、充电指示灯等，这些故障类指示灯平时很少会亮，但只要亮了就表示车辆已经出现故障或异常，小则影响行车安全，大则有可能损坏车辆，需要立即进行检修，或联系车辆的品牌4S店进行救援。

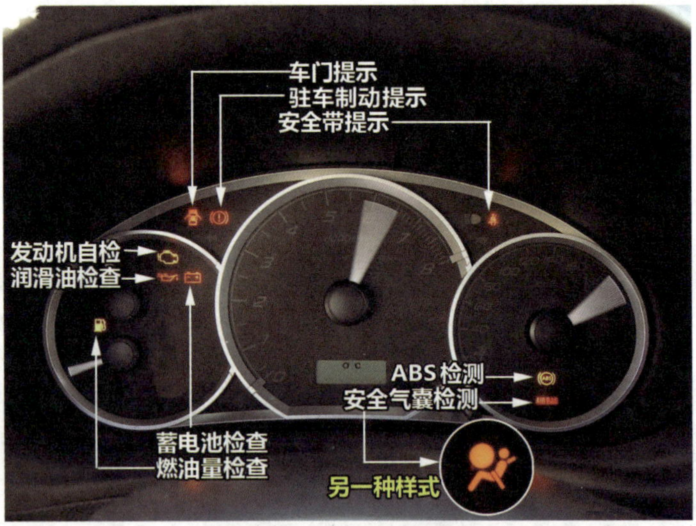

图 2-1　仪表板上的指示灯

1. 日常指示灯

（1）各种车灯指示灯

夜间行驶打开车灯的道理大家都懂，但是很多新手朋友并不知道如何开启正确的灯光。您开启了什么灯光都会在仪表板上有所显示。如图2-2所示，将车灯开关开至第一挡时，前后亮的小灯就是示宽灯，有的叫傍晚行车灯，在天还未完全黑暗的时候开启，使其他车辆驾驶人能够看到自己。示宽灯是在光线不好时可以显示车身的大概宽度，避免后车超车或与对向车辆交汇时出现剐蹭等事故。

将车灯开关开至第二挡，打开近光灯，近光灯就是为了近距离照明，设计要求就是照射范围大（160°），并且有十分明显的明暗截至线，夜间驾驶必须开启此灯。近光灯是夜间或光线不好时，为驾驶人提供照明的主要灯光，它的照射范围大概在30m至40m左右。

通过灯光控制杆可以开启远光灯，其发出的光呈现发散状态，亮度很大，能照到近处较大范围内的物体。远光灯在城市开车时用得不多，除非道路面情况不好的情况下，不要轻易开启远光灯。很多驾驶人没有良好的驾驶习惯，经常忘记关闭远光灯，给其他驾驶人造成眩目或"瞬间失明"，产生视觉错误，引发交通事故。远光灯和近光灯的对比如图2-3所示。

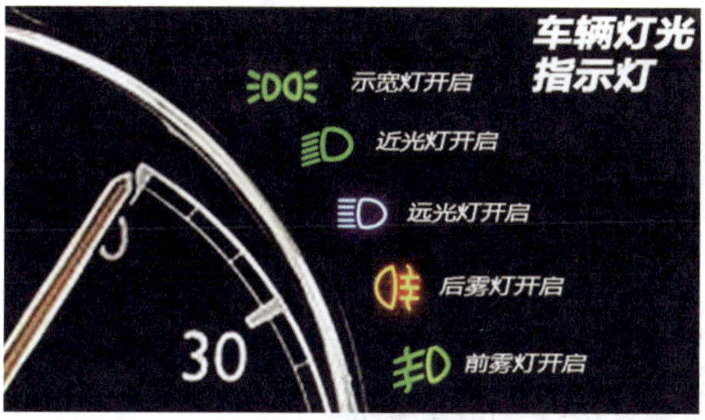

图 2-2　车辆灯光指示灯

图 2-3　远光灯和近光灯的对比

所以当您看到对面车向您连续切换远近光灯时，您就要看看仪表板上的远光灯提示是否点亮了。如果是的话就尽快关闭吧！

现在不少车型都省去了传统近光灯的图标，而是与示宽灯使用同一指示灯，如图2-4所示。当前雾灯打开时，仪表板上的雾灯指示灯开启，当后雾灯开关打开时，仪表板上的后雾灯指示灯开启。雾灯通常情况下是在大雾、大雨、大雪一类能见度不高的天气状况下开启的，能见度比较低的时候利用雾灯功率高、亮度高、穿透力强的特点，让其他驾驶人可以更好地发现你。

图 2-4　示宽灯 / 近光灯和雾灯指示灯

第二章　仪表指示灯及车内按钮功能解读

（2）安全带未系报警灯

当车辆起动后，如果驾驶人或前排乘客没有系安全带，该灯就会亮起（图2–5a）。当车速超过25km/h的时候该灯会开始闪烁，同时还会响起“滴滴”安全带未系警告音。该灯除了乘客没有系安全带会亮起外，有的车型当前排座椅被放置物品时，系统会默认为有人乘坐，该灯也会亮起。一些安全配置更高的车型会把驾驶人安全带和前排乘客安全带提示分开显示。如图2–5b所示的提示就是左侧即驾驶人安全带没有系。

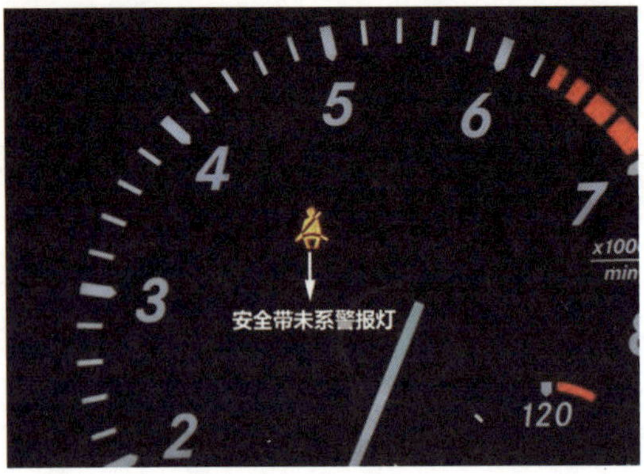

a）

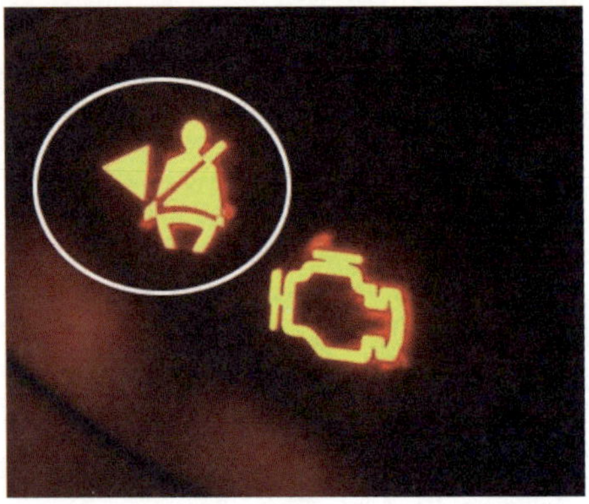

b）

图 2–5　安全带未系报警灯

（3）车门未关指示灯

奔驰的车门未关提示（图2–6）与很多其他品牌的提示不一样，如果车门没有关紧，只有当车速达到15km/h时，仪表板上才会显示车门没有关闭，并且会提示具体是哪个车门未关闭。

图 2–6　车门未关指示灯

2. 有警示功能的指示灯

（1）燃油不足警告灯

如图2–7所示，燃油不足警告灯是提示燃油不足的报警灯，该灯亮起时，表示燃油即将耗尽。建议此灯亮起时尽早加油，因为在快没油的情况下燃油泵不能得到很好的冷却，可能会影响它的寿命。燃油不足警告灯符号附近的三角符号表示该车加油口的位置在左侧。

（2）防冻冷却液温度报警指示灯

防冻冷却液温度报警指示灯（图2-8）是显示发动机防冻冷却液温度过高的指示灯，正常行驶时，若此灯点亮报警，应及时停车并关闭发动机，待冷却至正常温度后再继续行驶。如果继续行驶，可能会导致发动机损毁的严重后果。

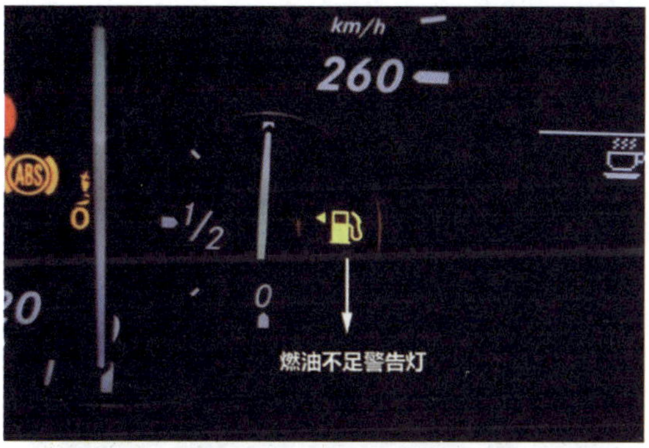

图 2-7　燃油不足警告灯

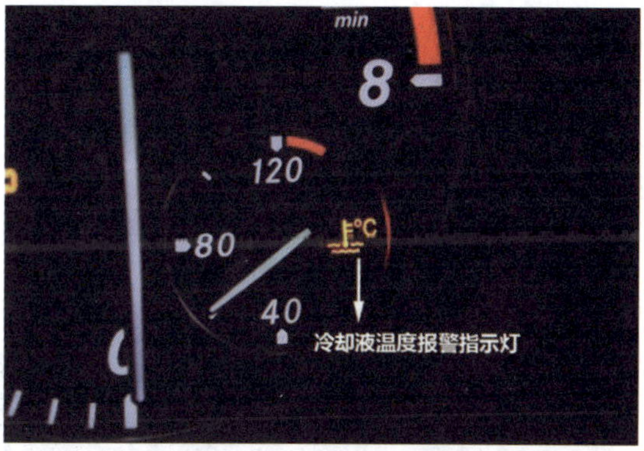

图 2-8　防冻冷却液温度报警指示灯

（3）ABS（制动防抱死系统）故障灯

ABS指示灯（图2-9）也会在打开点火开关时亮起几秒，在自检完成后会自动熄灭。如果此灯在着车后不自动熄灭，或在行驶中亮起则表示ABS出现故障，此时车辆仍可以进行常规的制动，但制动防抱死系统不工作，所以需要尽快到维修服务站进行检修。需要注意的是ABS是属于制动系统的部件，而根据车型的不同在ABS里还会集成EDS（电子差速锁）和ESP（行车稳定控制系统）等功能。

（4）ESP指示灯

如图2-10所示，ESP指示灯包括ESP关闭指示灯、ESP工作指示灯、ESP故障警示灯三种，其功能如下：

图 2-9　ABS（制动防抱死系统）故障灯

图 2-10　ESP 指示灯

1）ESP关闭指示灯。该灯亮起时，说明ESP处于关闭状态，ESP为安全辅助设备，在日常驾驶人中对安全行驶起到了很大的帮助，一般不建议在日常驾驶时关闭此项功能。

第二章　仪表指示灯及车内按钮功能解读

2）ESP工作指示灯。该灯闪亮时说明ESP处于工作状态，如果您在驾驶时发现该灯闪亮，可能是出现车轮侧滑或起步时转矩过大造成轮胎打滑。

3）ESP故障警示灯。当ESP功能出现故障无法工作时，该灯就会亮起。ESP是安全辅助设备，在遇到危险情况时帮助很大，建议当ESP出现故障后车主应该尽快修理。

（5）胎压监测警示灯

如图2-11所示，胎压监测警示灯的主要作用是监测车辆轮胎胎压，当车辆某个轮胎亏气时该灯就会亮起，以此增加车辆安全性并避免轮胎进一步磨损。当该灯亮起时，请及时检查轮胎状态，避免危险的发生。

（6）限距警示灯

限距功能主要是为了防止车辆与前车发生追尾，当限距警示灯（图2-12）亮起时，说明车辆与前车的车距已经非常近了，这时需要驾驶人注意安全行车保持车距。

图 2-11　ABS 报警指示灯和胎压监测警示灯

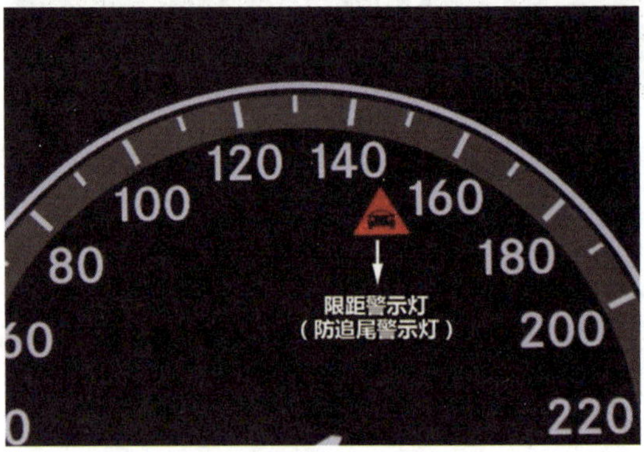

图 2-12　限距警示灯

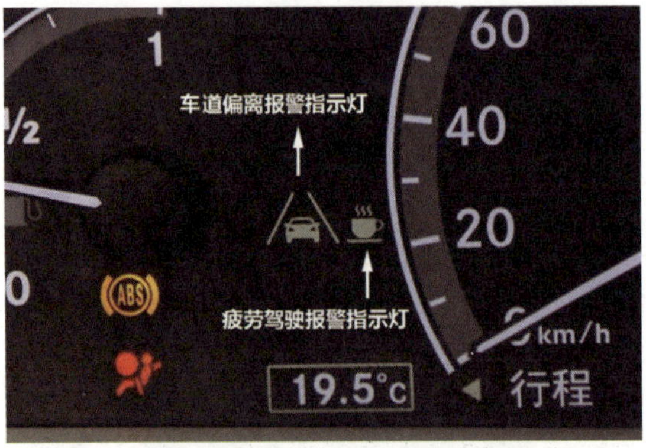

图 2-13　车道偏离报警指示灯和疲劳驾驶报警指示灯

（7）车道偏离报警指示灯

车道偏离报警指示灯（图2-13）的功能是在驾驶人未打转向灯而偏离原车道时，能在偏离车道时发出警报，同时方向盘会抖动，来提醒驾驶人观察车辆的行驶方向，从而大大减少了因车道偏离引发的碰撞事故。

疲劳驾驶报警指示灯（图2-13）是提示驾驶人已经驾驶车辆很长时间了需要休息，避免因为疲劳驾驶而发生事故。当该灯亮起时，建议驾驶人应该尽快停车并休息一会再开始驾驶车辆。

（8）制动片磨损指示灯

现代车的制动片大都加入了磨损传感器，在制动片磨损到一定程度后就会触发制动片磨损指示灯（图2-14），提示车主及时更换制动片。和油量表一样，制动片磨损传感器也是留有一定余量的，在这个故障灯亮起短时间内并不影响制动系统的正常运作，可以自行将车开到4S店进行检修和更换即可，但也不能觉得制动片还有余量就拖后检修的时间，如果制动片磨损过度后再使用制动会对制动盘造成损伤，制动卡钳的活塞行程过于突出也会使活塞归位困难，严重的还可能造成整个制动系统的故障，而更换制动片几百块就搞定，但更换制动盘和卡钳的话就要几千块了！所以为了行车安全，一定要及时更换制动片。

图 2-14　制动片磨损指示灯

3. 故障类指示灯

（1）制动系统警告灯

制动系统警告灯就是平时大家说的驻车制动警告灯，当制动系统故障警示灯（图2-15）亮起时，分为三种情况：第一种是车辆的制动液不足；第二种是防溜车功能失灵（很多传统的车型为驻车制动未放下）；第三种是限距功能失灵。这三种情况都属于危险情况，当看到该灯亮起时要注意行车安全或尽快把车送去维修。

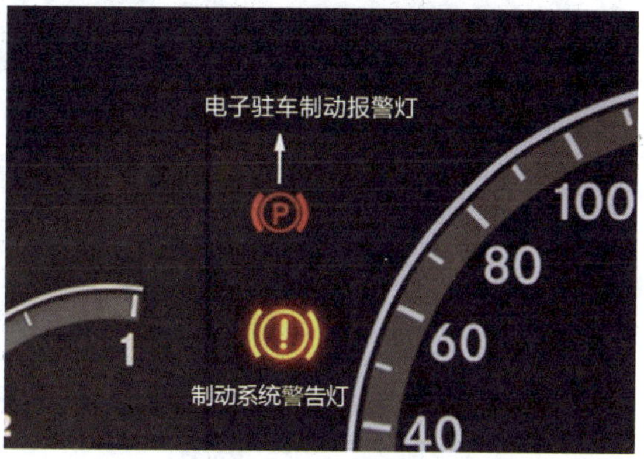

图 2-15　制动系统警告灯（驻车制动警告灯）

电子驻车制动报警灯：当该灯亮起时，说明车辆的电子驻车制动系统出现故障（图2-15）。要提醒大家的是，该灯只代表电控系统出现故障，当车辆未通电或电量过低不能激活电子驻车制动系统时，该灯也会亮起。

制动系统故障灯亮起时，无论什么情况下都要立即停车检修。制动系统的重要性毋庸置疑，只要碰到制动有问题的情况都需要立即解决。首先要找地方停好车，然后检查车辆的制动液是否足够，如果发现制动液液面过低（低于MIN刻度）的话，可以打电话请救援人员带点制动液过来，看能否解决问题。

图 2-16　制动液加注口

如图2-16所示为制动液加注口，可以通过它来观察制动液的油量是否正常。如果制动液液面正常，则说明制动系统出现机械故障，此时切记不能继续上路行驶！将车停在路边，打电话通知维修服务站派人来检修或叫救援车将车拉去维修服务站进行检修是唯一的解决办法。 注意制动失效时，需要使用硬连接法进行拖车或者使用平板车辆进行拖车作业。

（2）充电指示灯

充电指示灯（图2-17）一般只在开启点火开关会亮起，表示车辆现在是由蓄电池供电的，而发动机起动后，供电工作交给了发电机，并同时为蓄电池充电则充电指示灯熄灭。 如果在车辆行驶中或发动机运转时如果此灯亮起，表示车辆的发电机有故障或蓄电池本身有问题。此时首先应尽可能地关闭车上的非必需用电器，然后开到维修服务站进行检修。因为此时发电机系统故障，全车都要靠蓄电池供电，所以对蓄电池的消耗很大，去维修的路上要尽量避免车辆熄火，以免蓄电池消耗过大而无法再次着车。

（3）发动机故障灯

闭合点火开关后，发动机故障灯点亮（图2-18）代表发动机自检，如发动机控制系统等部分正常，则几秒钟后该指示灯灭。如果闭合点火开关及发动机正常行驶过程中常亮的话就说明发动机控制系统有故障了。一般为燃油系统故障、点火系统故障、排放系统故障，建议及时去4S店或者修理厂进行检查。

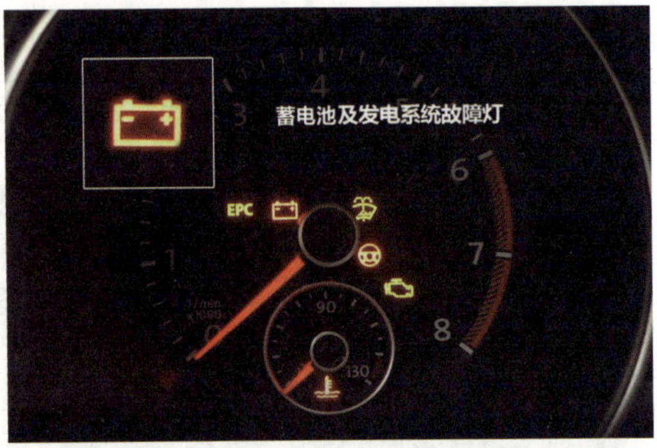

图 2-17 充电指示灯

图 2-18 发动机故障灯

发动机（排气系统）故障灯在不同品牌的车型上的叫法及作用不同，有的叫的发动机故障灯，有的叫排气系统故障灯，但图形标志都很统一（图2-18）；有的车型此灯亮起表示发动机的排气废气监控系统出现故障，俗称三元催化器中毒。如果在行车中该灯亮起或闪烁，请立即减速，并行驶到最近的维修服务站进行检修。此故障大多是由于国内油品质量造成的三元催化系统中的氧传感器损坏或三元催化器中毒所导致，虽然可以自行行驶至维修服务站，但也必须重视这个故障，如果是氧传感器损坏的话，换一个就可解决问题，并且花费不多，但如果是三元催化器损坏失效，就比较麻烦了，更换三元催化器可是需要几千块才能搞定的，所以千万不大能大意，否则钱包会很痛！

（4）EPC（发动机管理系统）故障灯

EPC故障灯（图2-19）常亮代表发动机管理系统或是电控系统出现故障，常伴有车辆怠速不稳或发动机冷起动抖动等现象。不过对于国内车主，尤其是大众系的车主来说EPC故障灯亮已经见怪不怪了。一般都是由于国内的油品的质量和用车环境较脏而造成的，尽快开到维修服务站进行检修，一般情况清洗节气门即可解决。

图 2-19 EPC（发动机管理系统）故障灯

（5）转向助力系统故障灯

车辆行驶时转向助力系统故障灯（图2-20）亮起，表明转向助力系统故障，此时的转向助力可能被削弱或彻底失效，转动方向盘的阻力会比平时大好几倍，而此故障也无法自行检查或维修，所以最好的办法就是行驶到最近的维修服务站进行维修。需要注意的是由于此系统故障时失去助力的方向盘转向阻力很大，所以车辆行驶非常不灵活，驾驶中要格外小心，减速慢行！

如图2-21所示为转向助力油加注口，一般不需要随车备转向助力油，遇到故障最好还是请专业维修人员来处理。有些新车型的转向助力已改为电动形式，也就没有这个加注口了。应该注意的是，转向助力油加注口上一般都有个方向盘形状的图标，以避免与其他油液相混淆，加注时需要注意。

图 2-20　转向助力系统故障灯

图 2-21　转向助力油加注口

（6）防冻冷却液温度报警灯

如图2-22所示，防冻冷却液温度报警灯亮表示发动机防冻冷却液的温度过高或防冻冷却液液位过低，此时要立刻停车并关闭发动机，等待发动机冷却后再查看防冻冷却液液位是否过低。如果防冻冷却液位过低可以自行添加防冻冷却液进行急救，如果随车没有备防冻冷却液的话，也可以用少量的纯净水代替。等待防冻冷却液温度报警灯消除后，才可继续行驶。

如图2-23所示，防冻冷却液储液罐上都有明显的MAX和MIN标志，如果液面低于MIN标志，就有可能触发防冻冷却液温度灯的点亮，此时只需添加适量防冻冷却液即可排除故障。如果防冻冷却液液位过低，需要添加防冻冷却液的话，切记要等防冻冷却液冷却后再打开储液罐的压力盖，储液罐高温时内部压力很大，如果直接打开会被喷出的防冻冷却液烫伤。

图 2-22　防冻冷却液温度报警灯

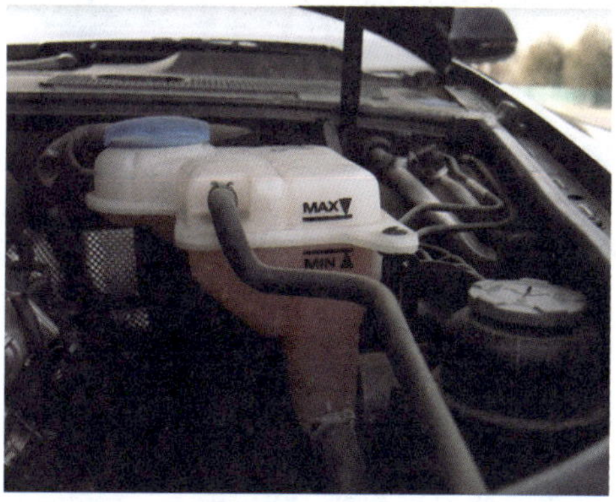

图 2-23　防冻冷却液储液罐上的液位标志

防冻冷却液温度报警的出现说明车辆的防冻冷却液温度控制系统出了问题，有可能是防冻冷却液管路有渗漏、水泵故障、散热风扇失灵所造成的，不管是那种情况都需要立即修理，运行温度过高会损坏发动机！

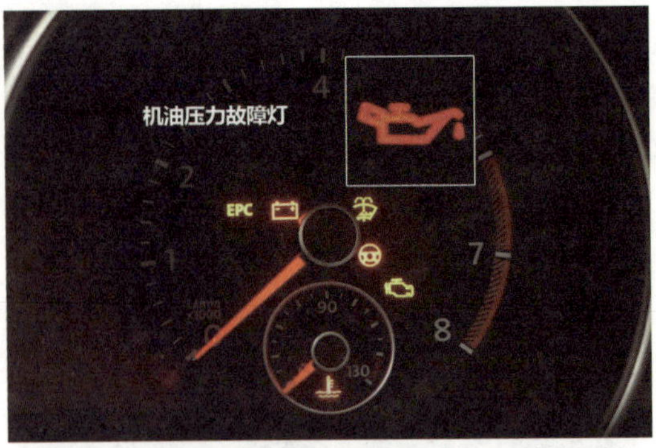

图 2-24　机油压力故障灯

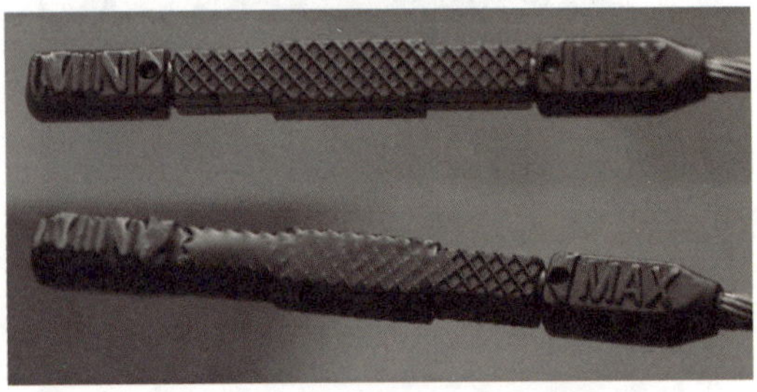

图 2-25　机油尺显示的油面高度

图 2-26　安全气囊故障灯

（7）机油压力过低报警灯

机油压力过低报警灯（图2-24）点亮是较严重的故障之一，在碰到此故障灯闪亮时，一般都会有报警声或多功能液晶屏的文字提示。此时需要立即停车并关闭发动机！待发动机稍微冷却以后通过机油尺来检查发动机机油油位，如果油位低于（MIN刻度）线时应该首先补充机油，但要等发动机冷却后再加注。如果添加机油后故障灯消除，则可自行行驶到维修服务站进行检修。

机油加注要采取少量多次的方法，加注时随时注意油量变化，严禁加注过量，并且要保证机油品牌型号相同，也严禁混加。

如图2-25所示，如果机油油位正常，但报警灯仍然点亮，则说明机油的循环系统出现故障；此时切勿继续行驶，也不可以让发动机再起动，联系离你最近的维修服务站，让他们派车来救援才是最好的办法。

（8）安全气囊故障灯

如图2-26所示，安全气囊故障灯在行车时并不会亮，如果发现该指示灯在行车时亮起或闪烁，则表示安全气囊或者安全带收紧系统有故障，无法正常工作，而这项故障由于涉及气囊传感器及线路，所以是无法自行处理的，需要尽快到4S店进行检测和维修。气囊故障虽然影响行车安全，但不会影响到车辆的正常行驶，所以可以在保证安全的前提下自行将车开到4S店检修。

二　车内常用按钮功能解读

刚买了新车的车主经常会面对一些尴尬的情况：想调空调温度，却不是太冷就是太热，找不到节奏。想把近光灯打开，刮水器却莫名其妙地工作。想开行李箱，发动机盖却突然弹了起来，到了晚上想开车灯，却不知道开关在哪儿。可能新手们还觉得特别委屈，这些莫名其妙的按钮驾校也没教我，说明书也不可能一页页地全都翻完阅读一遍啊，不懂英文缩写，图片也都差不多。位置又靠得那么近。没关系，今天我们就来看看这些看似复杂布置又毫无规律可言的各种按钮，让您不再被车内的各种按钮所迷惑。首先是来认识一下汽车的基本功能分区（图2-27），这些操作按钮的布局不会发生太大的变化，都会待在基本区域之内。

图 2-27　奥迪 A8 车内按钮的基本功能分区

就算你是对车内按钮布局完全不了解的全新车主，看了这张图也该有个大概印象了。另外，这虽然不是座舱按钮布局的铁的规律，不过除了少数一些奇葩企业的奇葩产品之外，大家的设计布局基本都差不多，毕竟这些习惯已经延续了几十年。

如图2-27所示，这些按钮一般都按需要和相关性布置。比如，行驶时最常用、厂家最希望你用到的，肯定能在方向盘的附近找到（转向灯、刮水器、定速巡航多功能按键等）。灯光一般在中控台左边（近光灯、示宽灯、仪表灯），空调和多媒体在中控台正中，和性能、行驶相关的一般放在变速杆附近（车身电子稳定系统、四驱系统、运动模式等），车窗车门反光镜相关的都在门上，座椅控制通常在座椅的侧面。当然上面都是常见车型，特例也会尽量列举。

1. 灯光控制部分

灯光是平时最常用到的功能之一，前照灯控制主要有两个位置，欧系车主要占据方向盘面板左侧，图2-28所示为奥迪A4L的灯光控制按钮布置。欧系车主要在面板上，不过灯光控制面板仅限控制近光灯，远光还是放在了左侧拨杆（图2-29）上，一来避免驾驶人习惯性开远光灯，二来应急时还可以快速闪烁以示警告。日韩系则以方向盘左侧拨杆为“阵地”（图2-29）。这两种方式其实各有优劣，只要适应都没有任何问题。而且各种按钮的指示都是统一的，所以在识别上不会有难度。随着灯光技术的发展改进，诸如自动前照灯、全天候灯、停车指示灯、日间行车灯甚至夜视系统也越来越普及，好在这些灯光标志一般都非常形象，比如夜视系统就是车道上方一轮月牙，一目了然（图2-30）。

图 2-28　奥迪 A4L 的灯光控制按钮布置

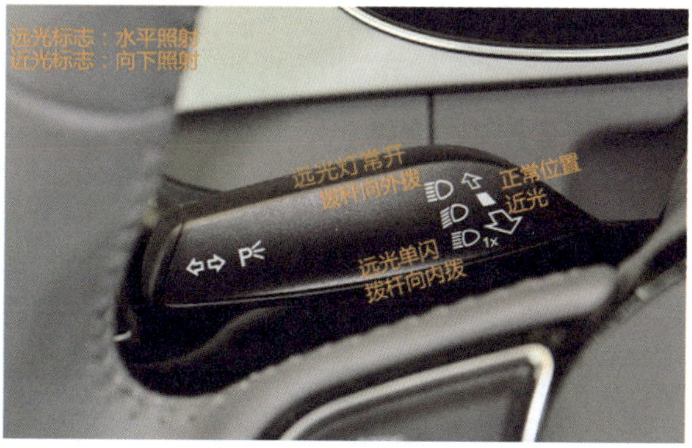

图 2-29　左侧灯光拨杆

日韩车系一般把灯光控制放在方向盘左侧拨杆上，因此看着比较复杂，如图2-31所示为丰田凯美瑞车的灯光控制开关的布置。不管是欧系还是日韩车系，手动前照灯的高度调节一般都布置在方向盘左侧仪表台上，如图2-32所示，左侧为奥拓车，右侧为大众高尔夫车的前照灯高度调节按钮。

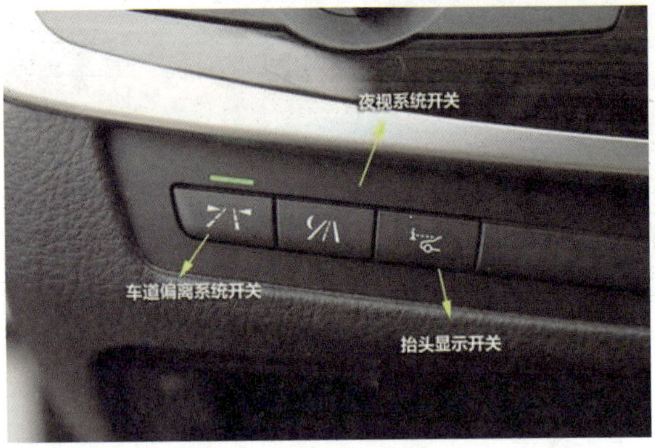

图 2-30 夜视系统开关

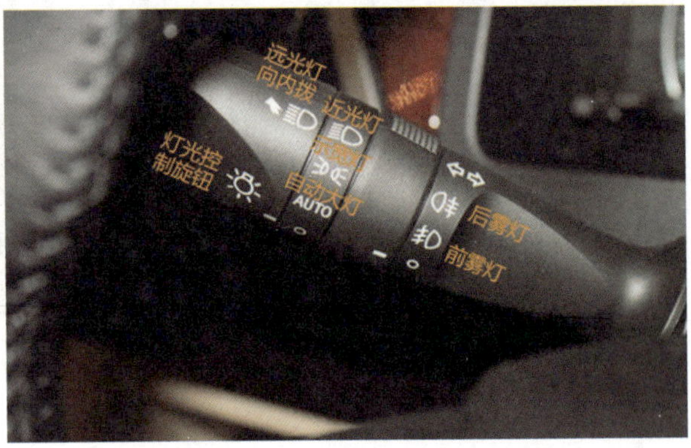

图 2-31 丰田凯美瑞左侧灯光拨杆

不少高端车还配置有灯光辅助系统（图2-33），包括夜视系统和停车指示等。另外，在奥迪等一些高端车型上以“全天候灯”取代了前雾灯。

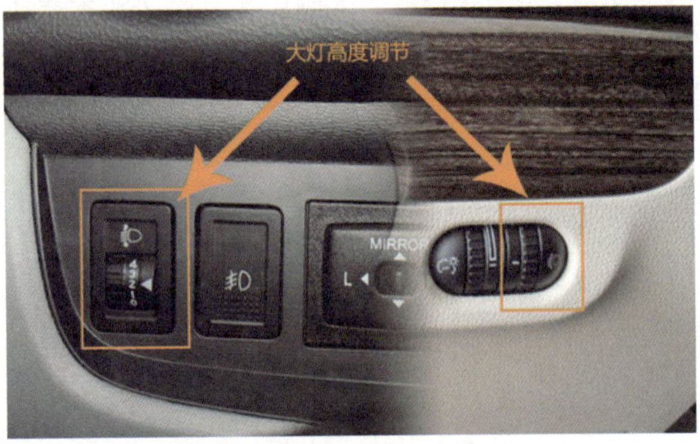

图 2-32 前照灯高度调节

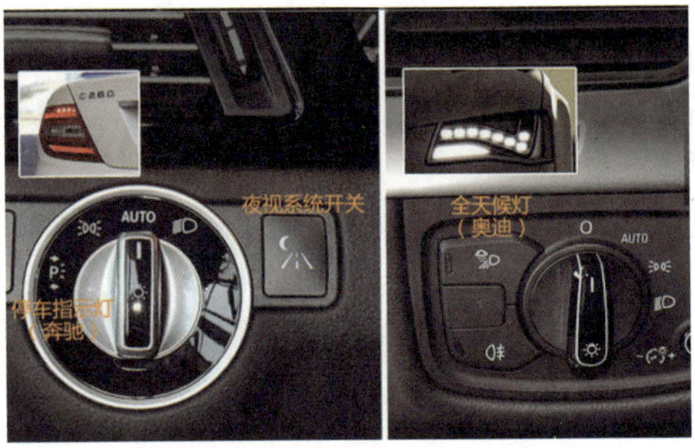

图 2-33 高端车型的灯光辅助系统按钮

2. 多媒体控制部分

多媒体部分是品牌建立个性的地方，不过整体来看基本上都是大同小异。而且毕竟各位都或多或少用过家用CD机、收音机或DVD播放机等设备，车载设备只是这些配置的“集大成者”，对消费者来说一般没有任何的上手难度。

多媒体是各厂家自由发挥的部分，但最常用最通用的功能是差不多的（图2-34）。现在很多品牌，尤其是自主品牌，越来越多地采用全中文标志（图2-35）。对于消费者来说，中文显示更加清晰易懂。

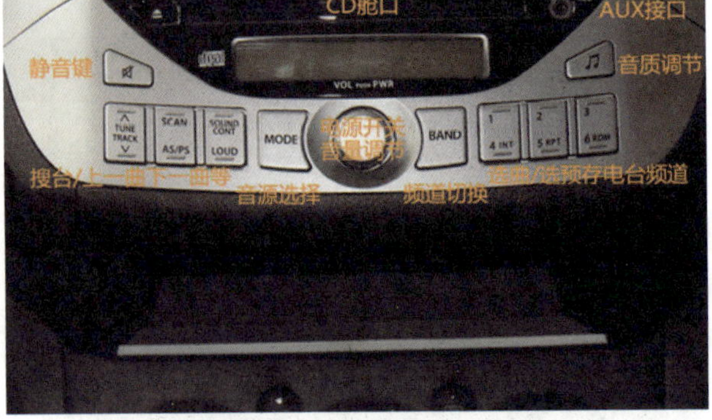

图 2-34 多媒体的常用功能

大众车系的多媒体中控系统（图2-36）很多人都非常熟悉，最大的特点是各种按钮分布在屏幕两侧，但是缺少图形化指示。

另外，高端品牌一般还有自己独立的人机交互系统，诸如宝马iDrive（图2-37）、奔驰Comand和奥迪MMI等。这些一般都依靠独立的输入设备，中控台按钮反而很少。操作一般采用单独的拨杆、旋钮或手写板等。

图2-35 多媒体系统的全中文标志

图2-36 大众车系多媒体中控系统

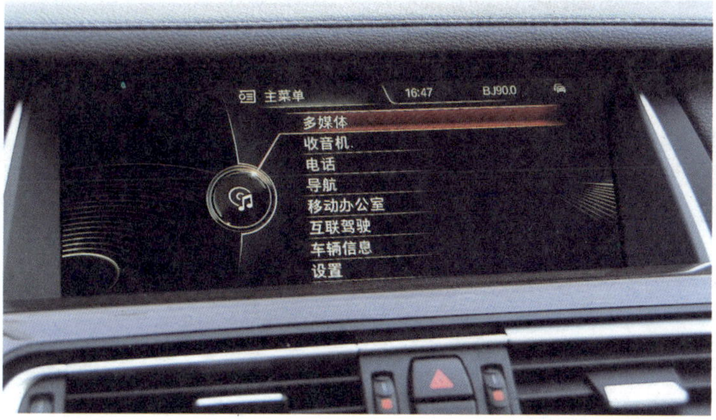

图 2-37 宝马 7 系的 iDrive 系统

3. 空调系统和舒适性功能部分

空调控制按钮的使用参见下面章节内容，在此不详述。

4. 车窗、车门和玻璃控制部分

车窗和车门相关的功能键一般都在车门上，如中控、车窗升降、后视镜等。不过日韩车系控制后视镜的按钮，一般习惯放在方向盘左侧仪表台上（图2-38）。另一个特殊例子是奔驰，把座椅调节和座椅记忆（图2-39）也一起放在了车门

图 2-38 奥拓车后视镜的按钮位于方向盘左侧仪表台上

上，的确比较方便调节，不用特意伸手向下够。

车门上主要包括了车窗和后视镜的相关控制功能，如图2-40所示，包括后视镜调节和折叠以及四门车窗的升降和锁定功能。

图 2-39　奔驰车的座椅调节和座椅记忆开关位于车门上

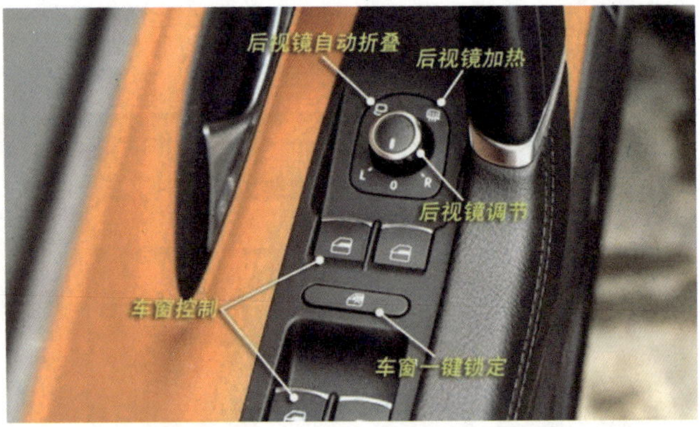

图 2-40　车窗和后视镜控制开关

在部分高端SUV或四门GT车型上，尾门也可实现电动开闭。图2-41为保时捷车位于尾门上的电动关闭按钮。除了侧面的四个车窗，天窗上的相关控制按钮如图2-42所示。

图 2-41　保时捷车位于尾门上的电动关闭按钮

图 2-42　天窗上的相关控制按钮

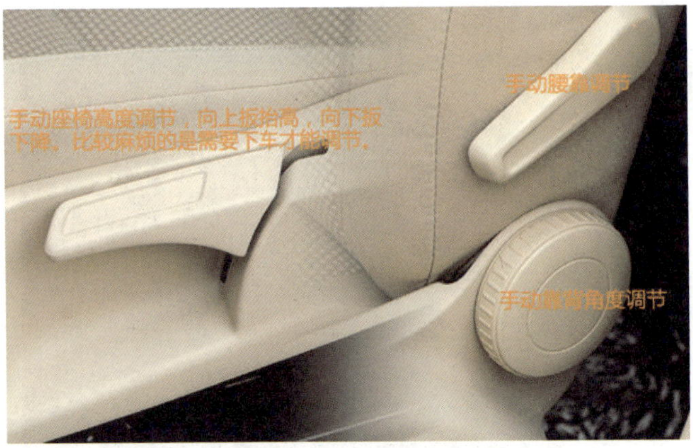

图 2-43　手动调节座椅

5. 座椅相关控制部分

座椅虽然是我们肯定要接触到的部位，不过与它相关的按钮的确不多。常见的是手动调节座椅（图2-43）和电动调节座椅。高端车型主要采用电动调节座椅，位于座椅侧下方，一般需要伸手够到。图2-44为雷克萨斯LS600hL的电动调节座椅，不同档次的车型会有所简化。也有的车型采用如图2-45所示这样的直观调节设计，包括了头枕和座椅调节。雷克萨斯LS级别车型的座椅按摩功能（图2–46）也作为标配出现。很多中级车也带有这个功能，只要认准这个标志就行了。电动的按可调节灵活度又分成四方向、八方向、十二方向等。我们常见的车型以手动或八方向以下电动调节为主。另外，中高端车型还带有座椅按摩、通风、加热等功能。

图 2–44　电动调节座椅

图 2–45 直观设计的电动座椅控制按钮

图 2–46 雷克萨斯的座椅按摩功能

6. 性能与行驶相关

汽车的各种和性能、行驶控制相关的功能按钮一般分布在变速杆附近（图2–47），方便驾驶人右手不离开变速杆太远就能控制车辆性能。同样是轿车，偏运动性能的则会在这个位置加入诸如动力模式等功能（图2–48）。

图 2–47　大众车系的功能按钮分布

诸如路虎等高端SUV则会在这里加入自己的看家技术——各种四驱系统的控制按钮，以及陡坡缓降底盘升降等功能（图2-49）。另外，不少越野车也采用这种驱动模式切换（图2-50），比较方便的是电控机械式分时四驱，驱动模式需要手动切换。

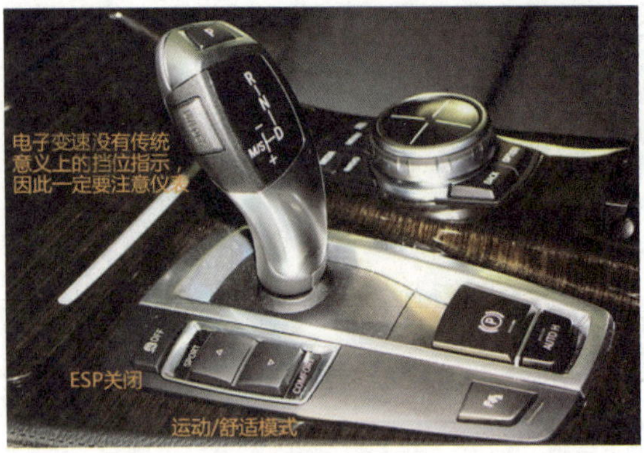

图 2-48　宝马车变速杆附近的运动 / 舒适模式

图 2-49　路虎的四驱控制系统按钮

图 2-50　不同驱动模式的切换

图 2-51　早期 SUV 上的分动器杆

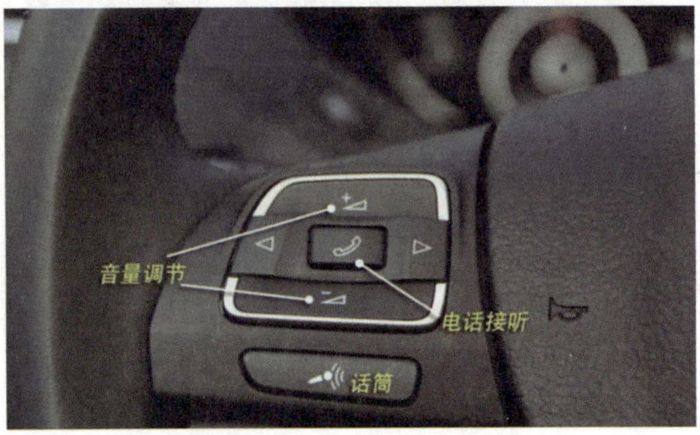

图 2-52　方向盘电话控制按钮

当然，性能和行驶控制也是有不同侧重的。比如家用轿车偏重的就是诸如自动泊车、电子驻车制动等便利性功能。性能轿车和跑车在这里放的多是诸如运动模式、悬架硬度等调节功能。而SUV在这里放的当然就是四驱模式和越野模式控制了。另外，四驱模式也有很多形式，体现在车内按钮上就是各种各样的不同模式，简单的有一个自动全部解决的，复杂的则是一排排按钮，原始的则依然保留机械式分动器杆（图2-51）。

7. 方向盘、行驶相关

方向盘是近几年各大厂商着力发掘的各种按键新“领地”。放在这里，不仅方便驾驶人，也减少了双手在中控台和方向盘之间的反复动作，减少了危险性和疲劳感。一般是最“分心”的功能才会放到方向盘上，比如电话（图2-52）、多媒体控制（图2-53）、巡航控制等功能。另外，右侧的刮水器拨杆目前功能也越来越多，比如很多车型都加入了刮水器随车速调节的功能（图2-54）。

图 2-53　方向盘的多媒体控制

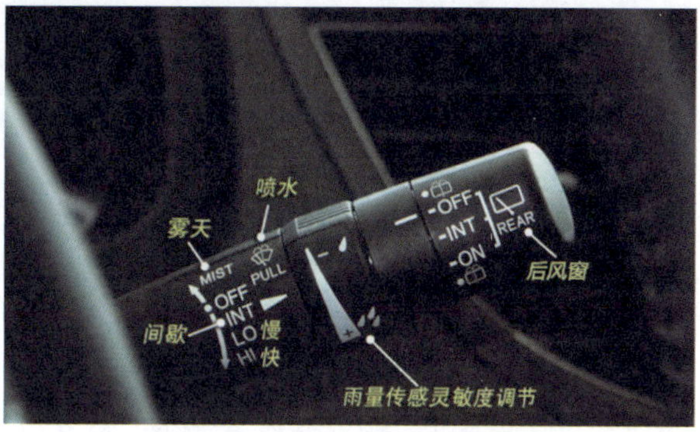

图 2-54　本田车的刮水器控制杆

对多数日韩车系来说，很多车型习惯在方向盘边上单独放一个拨杆，专门控制定速巡航（图2-55）。这样做的好处是给多功能方向盘留了更多空间，拨杆一般在方向盘的右下方（图2-56），也有的设置在左下方，操作起来可能不太方便。但也有部分日系车型将定速巡航做成了这样，类似于多功能按键，但不占用多功能按键的位置。

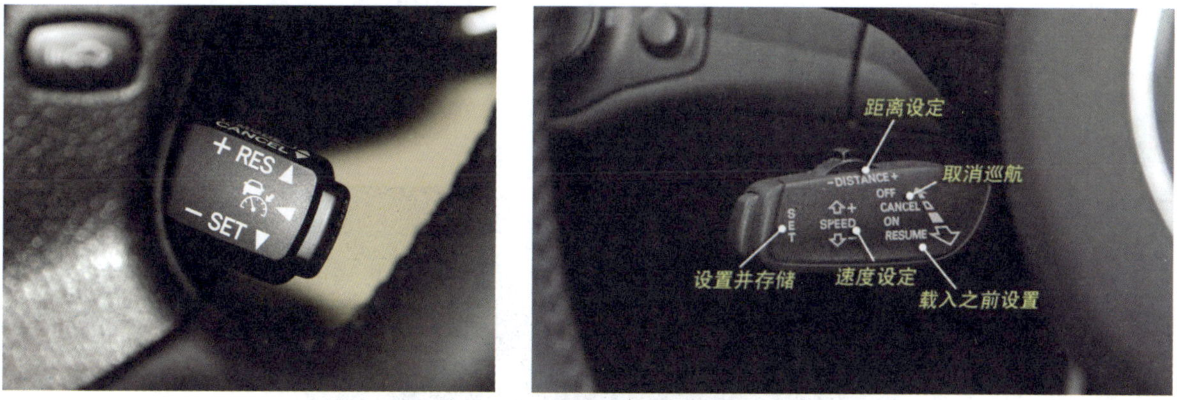

图 2-55　定速巡航按钮

图 2-56　本田奥德赛定速巡航按钮

汽车的设计虽然各有不同，但车内操作按钮基本都是这个样子。不过上面这些还仅仅是目前最常见的车型，因此难免有遗漏之处。如果想彻底了解爱车的各种功能，当然还是要仔细阅读爱车的使用手册，然后在实际操作中逐步去熟悉了。

三 汽车刮水器使用

刮水器是车辆前风窗玻璃上主要用来清理雨水的部件，可以保证雨天行车前风窗也能有很好的视野。除此之外，刮水器还会被用作清理风窗上的污物，比如长时间停车后的尘土、越野时溅射到风窗上面的泥水以及雨后的水迹等。因为空气污染的缘故，刮水器的负担也明显重了很多，使用频率很高。

1. 刮水器开关的安装位置

绝大部分在售车型的刮水器开关，都设置在方向盘后右侧的拨杆上（图2-57），只要按照拨杆上的功能标志，向上或向下拨动刮水器拨杆就可以启动刮水器。有的车型刮水器开关的位置设置在左侧拨杆上，如广汽菲亚特菲翔、奔驰（图2-58）等。如图2-59所示，菲亚特菲翔的刮水器开关不仅设置在左侧拨杆上，而且和转向灯开关放在一起，这种异于常规的设计，需要车主花些时间去好好适应。

图 2-57　拨杆式刮水器开关

图 2-58　奔驰 E 级刮水器开关（左侧）

图 2-59　广汽菲亚特菲翔刮水器开关（左侧）

2. 刮水器拨杆上标志的含义

刮水器拨杆和车灯拨杆一样，上面印了很多功能标志。虽然不同品牌的标志及标志位置都有区别，但其实功能都是差不多的。如图2-60所示为日韩车系及自主品牌刮水器功能标志，这种标志的缺点是不够直观，功能指示不明确。

如图2-61所示为大众车系的刮水器功能标志，这种标志采用英文全称标志，比上图的简称标志更直观易懂。但图2-62所示的大众宝来2014款1.6L车型刮水器的功能标志是与众不同的。

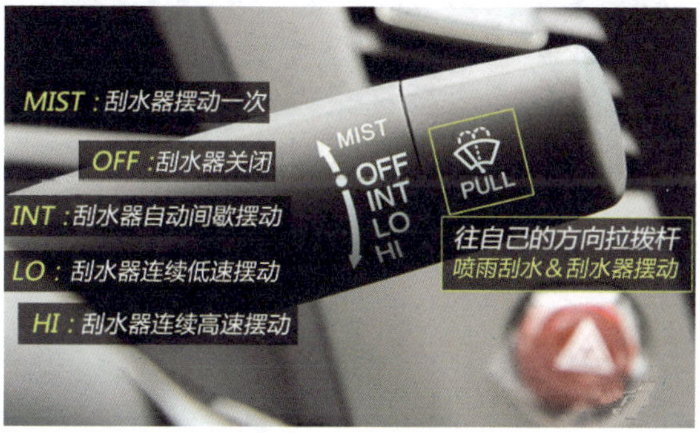

图 2-60　日韩车系及自主品牌刮水器功能标志

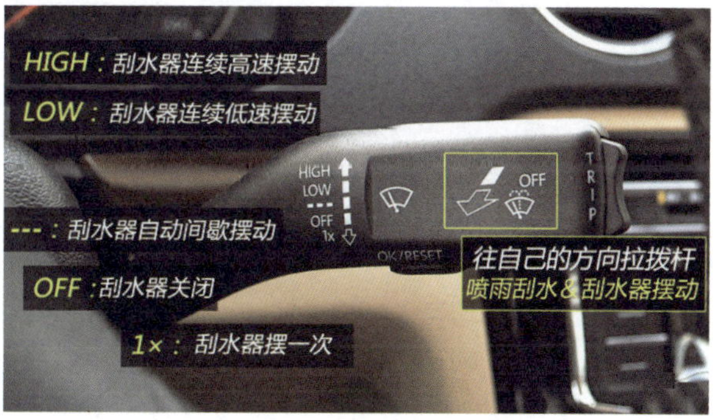

图 2-61　大众车系刮水器功能标志

很多车型刮水器的自动间歇工作挡位是可以调节刮水器片的摆动频率的，让刮水器摆动频率根据雨量大小而快慢不同——将刮水器拨杆置于“自动间歇摆动”挡位时，刮水器便会依照调节的频率，根据雨量大小来变化摆动频率。摆动频率的调节机构主要有两种样式：拨动式及旋钮式。

图 2-62　2014 款 1.6L 宝来刮水器功能标志

对于拨动式调节方式，如图2-63所示，可以拨动刮水器拨杆上的频率调节旋钮，根据雨量大小设置刮水器摆动频率而快慢不同。如图2-64所示，对于旋钮式调节方式，可以拧动刮水器拨杆上的频率调节旋钮，根据雨量大小设置刮水器摆动频率而快慢不同。

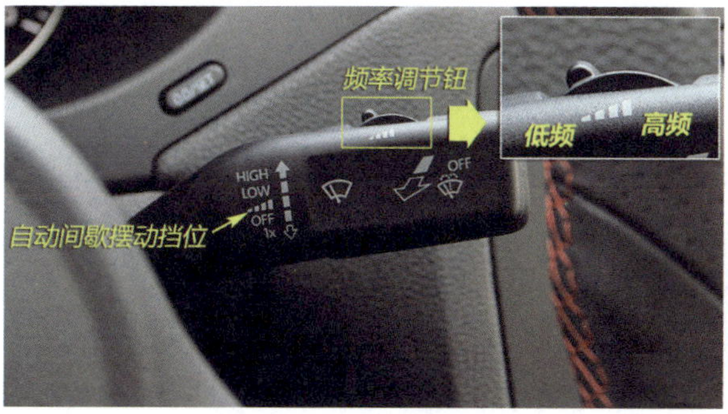

图 2-63　拨动式调节方式频率调节旋钮的使用

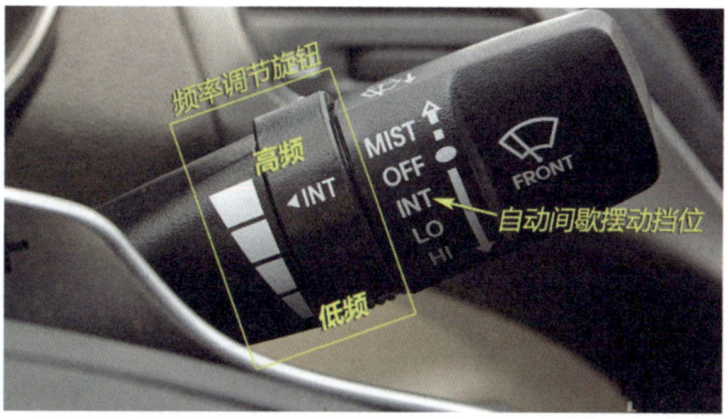

图 2-64　旋钮式调节方式频率调节旋钮的使用

3. 刮水器不同的摆动频率使用时机

不管是什么档次的车，其配备的刮水器都会有不同摆动频率的挡位，可以根据实际情况及习惯选择合适的刮水器挡位。

（1）点动控制摆动频率

点动控制的操作方法是往自己的方向拉动刮水器拨杆，玻璃水会先喷出来，接着刮水器进行若干次的摆动清洁（图2-65），这个功能适合前风窗玻璃脏了的时候使用。

图 2-65　点动功能使用

（2）低速摆动频率使用

如图2-66所示，当雨势不算太大，前风窗玻璃上附着的雨水并不密集时，可以将刮水器拨杆置于低速摆位（LO或LOW）。

（3）高速摆动频率使用

当雨势变大时，前风窗玻璃很快被雨水覆盖，视线会严重受阻。这时，应该将雨刷置于高速摆动挡位（HI或HIGH），连续不停地高速将前风窗玻璃上的水刮除（图2-67）。

图 2-66　低速摆动频率使用

图 2-67　高速摆动频率使用

4. 后刮水器的配备

一般来说，两厢车（包括旅行车、SUV及MPV）都会配备后刮水器，不仅仅是因为它们的后风窗位于行李箱盖上便于安装刮水器部件，更是因为两厢车和三厢车相比，在空气动力学上拥有先天的“不足”。如图2-68所示，两厢车在行驶时，会在车尾处形成真空区，也就意味着这里不仅没有空气流过，而且还会形成负压导致这一区域的污物被压在车身上面，并且会不断积累。

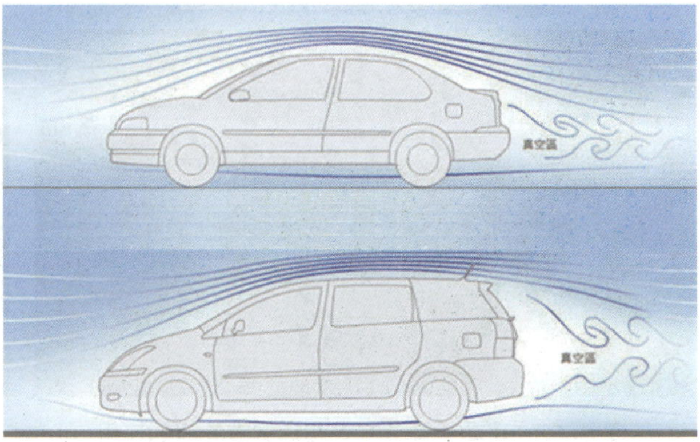

图 2-68　两厢车和三厢车空气动力学方面的区别

细心的朋友肯定会留意到两厢车在雨中行驶后整个车尾都是脏的，而三厢车只有行李箱竖直部分往下才是脏的，上半部分由于有气流扫过是比较干净的，因此两厢车必须靠后刮水器（图2-69）来保证后风窗的视野也是清晰的。

后刮水器的开关也设置在刮水器拨杆上，与前刮水器机构是两个独立的系统，可以单独控制。后刮水器开关也有拨动式和旋钮式两种样式。如图2-70所示，对于拨动式后刮水器开关，将刮水器拨杆往前拨动就能启动后刮水器，这和前刮水器开关上下拨动的操作方式有区别。如图2-71所示，对于旋钮式后刮水器开关，将后刮水器开关旋钮拨杆往前拧动，就能启动后刮水器。与前刮水器相比，后刮水器的功能就简单得多了，只具备单一摆动频率及喷水功能，一般后刮水器系统的喷水口如图2-72所示。

图 2-69　两厢车的后刮水器

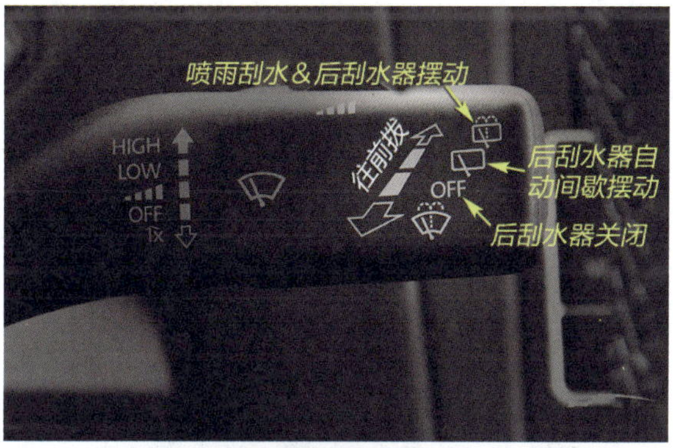

图 2-70　拨动式后刮水器开关的使用

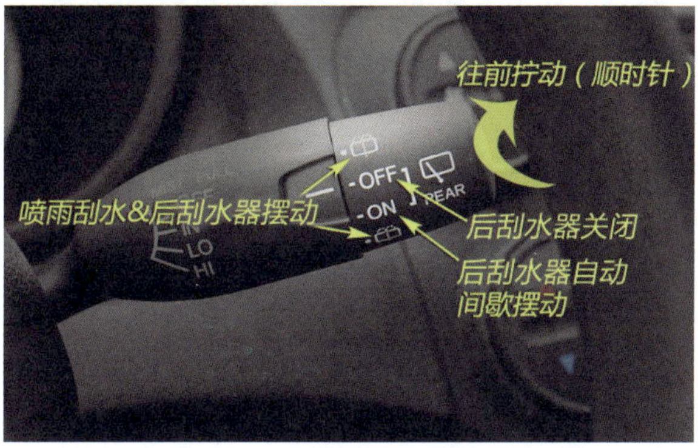

图 2-71　旋钮式后刮水器开关的使用

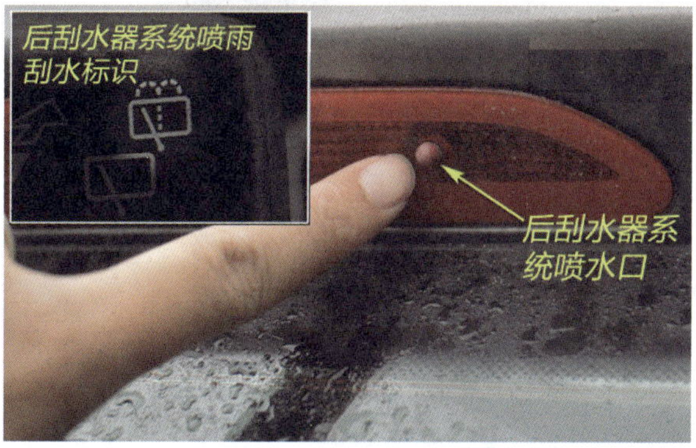

图 2-72　后刮水器系统喷水口

5. 刮水器使用注意事项

图 2-73　刮水器喷水刮拭功能

1）使用刮水器清理风窗上的污物时，一定使用喷水刮拭功能（图2-73），避免刮水器干刮降低寿命；如果风窗上有鸟屎、树胶一类难以清洗的污物，建议先使用湿纸巾擦洗，避免刮水器"硬碰硬"造成损伤。

2）当我们操作刮水器的喷水功能时，如果发现没有喷出，那么我们应该先检查喷水口是

图 2-74　检查玻璃水壶水量

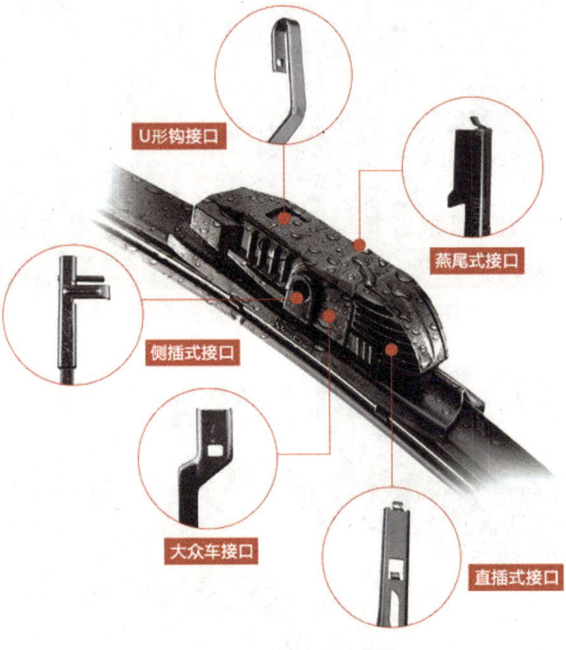

图 2-75　不同的刮水器接口

否堵塞，再检查玻璃水壶水存量是否充足（图2-74）。

3）至少每半年检查一次刮水器，在检查或者使用时一旦发现刮水器有刷不干净或者异响时就应该更换，避免视野不清造成事故。

4）刮水器摆动的时候，其对驾驶人视线的影响是不可避免的。对于新手来说，如何减少刮水器对自己行车视线的干扰，则是一种必须学会的驾驶技能。

6. 刮水器的选购与更换

（1）确定刮水器的接口与尺寸

为了能够很好地与爱车搭配，更换刮水器前需要确定刮水器的接口和尺寸。不同车型刮水器臂对应着不同接口的刮水器（图2-75），如果买错了接口就无法安装。而与原车相同的尺寸则是刮水器正常工作的基础，因为原车尺寸都是最佳尺寸，如果比原车尺寸长了，刮水器可能会发生干涉，或者对电动机造成负担；如果尺寸短了，刮拭的范围就小了，视野也必然受到影响。

（2）好用靠谱比价格更重要

作为汽配产品，刮水器市场的产品也是鱼龙混杂，有几块钱的三无产品，也有几百元的顶级货色。便宜的很快就出现刮不干净的情况，而贵的又难以接受。在选购刮水器片时勿贪便宜，注重性价比，选购有技术研发能力大厂的产品。

7. 刮水器片的更换

对于刮水器来说因更换过程十分简单，建议自己动手更换，更换一对刮水器的时间绝对超不过5min，而技术熟练的人更换甚至只需要两分钟，如果为了换刮水器跑一趟汽配城实在是不值。

更换刮水器的重点其实就是了解爱车的刮水器接口，并且知道这种接口是如何拆装的。如图2-75所示，刮水器接口一般分为三类：通用型U形钩、直插式和侧插式。

现在有不少刮水器为了美观，兼具防盗的作用，设计得非常隐蔽，刮水器臂很大一部分被隐藏在发动机舱盖下方，这样在正常模式下就无法将刮水器臂抬起更换刮水器了。这样的车型一般都设计有刮水器的“维修模式”（图2-76），当车辆电源关闭时，拨动刮水器拨杆，刮水器就会摆动至竖直位置，而此时刮水器臂就完全不被遮挡，便于抬起刮水器臂更换刮水器。

图 2-76　更换刮水器时要采用“维修模式”

（1）通用型U形钩刮水器片的更换

通用型U形钩是最普遍的刮水器接口，有骨和无骨刮水器的锁止和更换方式是完全不一样的，如图2-77所示，有骨刮水器大部分都采用通用U形钩接口，它的锁止按钮位于U形钩下方。将刮水器和刮水器臂之间转出一个角度，按下锁止按钮后稍稍将U形钩推出就可以解除锁止，随后将U形钩从刮水器卡扣中推出即可。

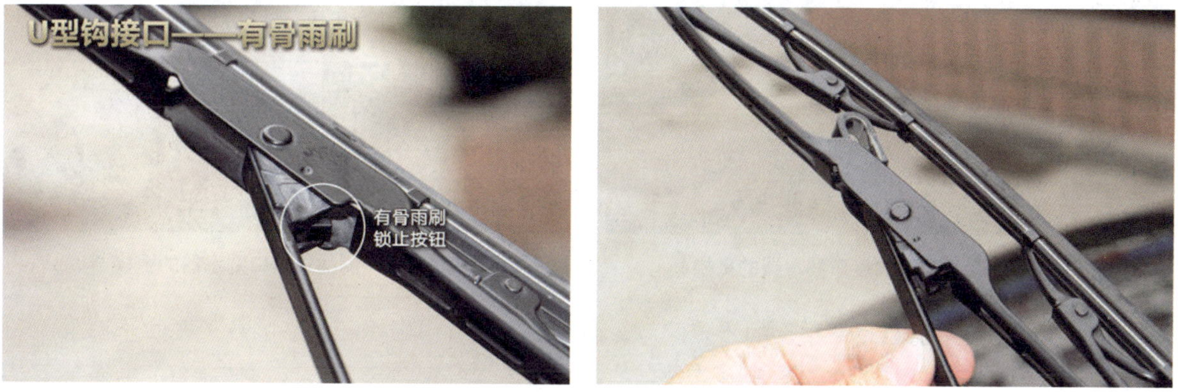

图 2-77　U 形钩接口有骨刮水器的更换

无骨刮水器由于采用了一体式设计，所以刮水器和刮水器臂U形钩的相对活动只能在一条线上，更换起来更加顺手，固定方式采用了小卡子或者壳体固定。如图2-78所示，U形钩接口无骨刮水器的固定方式采用了小卡子或者壳体固定，解锁也很容易。解锁后，将刮水器向刮水器臂末端移动即可将U形钩推出（图2-79）。

图 2-78　U 形钩接口无骨刮水器的更换

图 2-79　U 形钩接口无骨刮水器的更换

（2）直插燕尾式接口刮水器的更换

直插式接口都有明显的锁止按钮的位置，燕尾式接口的锁止按钮在接口下部偏后方的两侧，而直插式和大众车接口的锁止按钮就是接口表面的小方块，只要仔细观察都很容易发现。如图2-80所示，按下锁止按钮，需要将刮水器顶端稍稍翘起，随后将刮水器向顶端推出即可。直插式接口与燕尾式接口更换方式完全一致，而大众车接口不需将刮水器顶端翘起就可直接将刮水器推出。

（3）侧插式接口刮水器的更换

侧插式接口的更换是最为省力便捷的，因为它并没有任何的弹力锁止部件，而是采用了结构锁止。如图2-81所示，拆卸时只需要将刮水器旋转至与刮水器臂垂直，这时锁止块就会完全从接口凹槽中脱离，将刮水器垂直拔出即可，毫无难度。

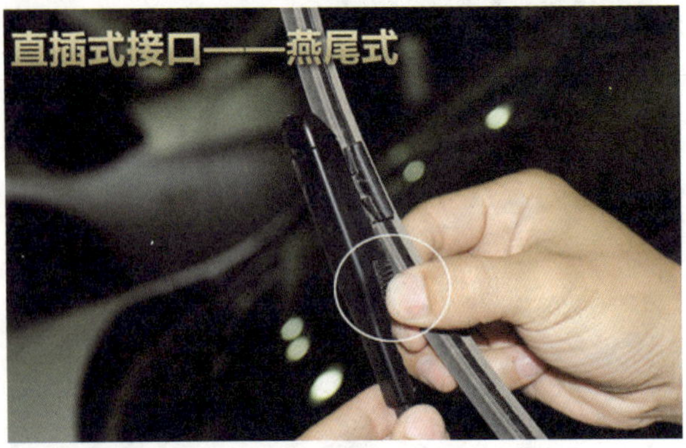

图 2-80　直插燕尾式接口刮水器的更换

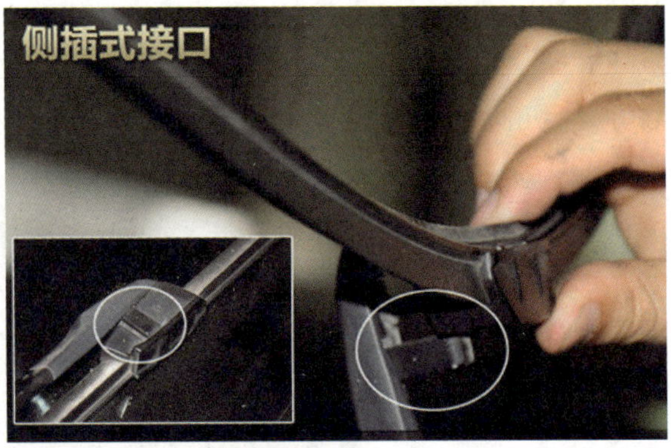

图 2-81　侧插式接口刮水器的更换

刮水器的安装只需要采用相反的步骤即可，而在拆装过程中最需要注意的就是要防止刮水器臂回弹砸到玻璃，拆装时一定要握住刮水器臂，而在暂时不用时最好将刮水器臂轻放到玻璃面上，并且为了防止划伤玻璃，在它们之间垫上之前准备的毛巾之类的垫物。

一般新的刮水器都会安装有胶条部分的保护条，刮水器安装完毕后要将其拆除，这样才能让刮水器正常工作。拆除的方法就是沿着刮水器方向撤出即可。

四　定速巡航系统使用与操作

定速巡航系统也称为自动驾驶系统，开启后再驾驶时无须操控加速踏板，自动保持恒定车速，减轻疲劳。同时节约燃料，提高驾驶便利性、舒适性和安全性。汽车一旦被设定为巡航状态时，发动机的供油量便由电脑控制，电脑会根据道路状况和汽车的行驶阻力不断地调整供油量，使汽车始终保持在所设定的车速行驶，而无须操纵加速踏板。目前巡航控制系统已成为中高级轿车的标准装备。

1. 定速巡航的操作方式

常见的定速巡航的控制方式一般有方向盘按键式、控制杆式（图2-82），另外还有其他一些设计得比较个性化的位置，比如雷诺部分车型的定速巡航控制按键就在中央杂物箱附近（图2-83）。

a）　　b）　　c）　　d）

图 2–82　巡航控制开关

a）、d）控制杆式　b）、c）方向盘按钮式

图 2–83　雷诺风朗杂物箱附近的巡航控制开关

2. 定速巡航的原理

定速巡航的原理，就是由各种传感器读取车辆状况如轮速、发动机转速、发动机负荷、节气门开度等信息后与设定的速度进行比对计算，最后调整节气门开度和变速器挡位等控制元件对车速进行调整，从而实现定速巡航（图2–84）。

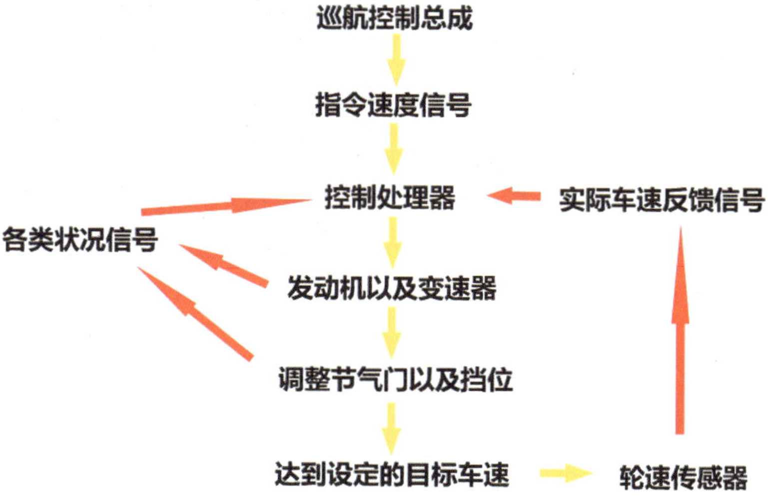

图 2–84　定速巡航的原理

3. 定速巡航的使用

1）开启定速巡航。定速巡航一般都有单独的开关（图2-85），开启就可以在一定速度以上随时设定所需要的车速了，一般来说在仪表板中会有一个独立的指示灯，亮起后表示已经开启（图2-86）。有的车型若定速巡航工作时，图标下面显示SET。应该注意的是，巡航开启不等于设定速度，定速需要单独的操作，这个功能是为了避免误操作而设计的。

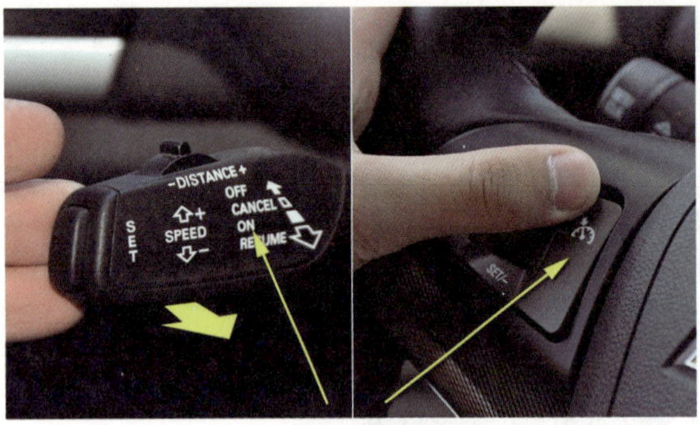

图 2-85　定速巡航开启

图 2-86　定速巡航开启指示灯

2）定速。在开启定速巡航后，按下控制单元中的SET键就可以设定速度（图2-87），不同品牌车型的启动速度限制是不一样的，大多数车型都是车速超过30km/h后便可以启动，也有更高的。

3）恢复功能。恢复功能是为了临时取消定速后再次恢复到之前的设定，即在巡航状态下按取消定速按键或者是踩了制动踏板后，按下此功能键可以恢复到之前设定的车速（图2-88）。部分车型的恢复功能更为人性化，即取消定速巡航后，如果车速再次达到之前预设的速度则定速巡航会重新启动。

图 2-87　定速巡航的设定速度

图 2-88　定速巡航的恢复功能

4）消除定速巡航的方式。

① 按清除或关闭定速巡航键“CANCEL”（图2-89）。

② 轻踩制动踏板，如图2-90所示（部分车型轻踩加速踏板也会解除）。

③ 手动挡车型踩下离合器踏板（图2-91）。

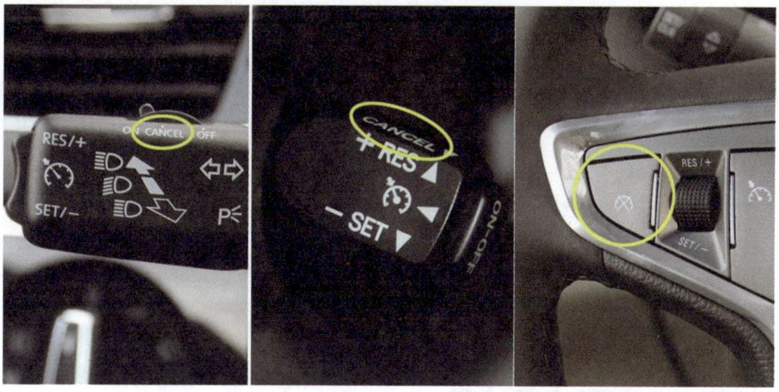

图 2–89 通过“CANCEL”按钮取消定速巡航

图 2–90 踩制动踏板解除巡航

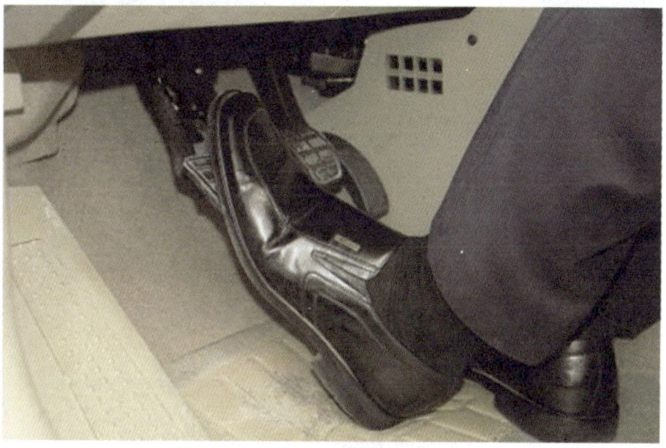

图 2–91 踩离合器踏板解除巡航

5）手动控制速度。手动控制速度直接按加号、减号就行了。不同品牌车型定速巡航的手动控制速度功能的逻辑是稍有区别的（图2–92）。最普通的定速巡航的手动控制功能是简单地按1km/h为单位调整的，而现在很多车型的定速巡航系统都可以变幅度调整，短按是按1km/h为单位递增或递减，长按是按5km/h或10km/h进行递增或递减。

图 2–92 巡航的手动控制速度

2. 巡航使用注意事项

1）慎重使用“恢复”功能。很多朋友在使用定速巡航功能时都被吓到过，原来是使用了“恢复”功能（图2-93）。比如在高速公路上，正在以100km/h进行定速巡航行驶，这时候前方有情况需要减速，我们会做出取消定速巡航或轻点制动踏板等动作，这时候车速降低到了50km/h，想要恢复到之前的巡航速度，可以按一下RESUME键，但这时车辆的实际速度与之前设定的速度相差已经很多，此时恢复电脑会判断为尽快提高到之前的速度，结果就是给您来一个地板油甚至是强制降挡，给人很突兀的感觉。

图 2-93　定速巡航“恢复”功能

图 2-94　巡航系统下坡时可能会超速

在大幅度减速后欲想恢复到之前设定的车速巡航，最好先用加速踏板将速度提升到想要的速度再次定速，这样在主观感觉上会舒服一些。而恢复功能最好在实际速度与目标速度差距不大的情况下使用。

2）下坡时可能会超过预定速度。定速巡航并非真正的定速，在车辆下坡时受到惯性的影响仍有可能就会出现超速的现象（图2-94）。比如我们在城区中将车速定为80km/h，那么在下坡的过程中，车辆的速度就不止是设定的速度了，虽然有发动机牵引力制动的作用，但也有可能超速，所以为了万无一失，在下大坡的时候最好关注一下实际速度。

低端定速巡航系统不能实现自动制动，下坡时由于惯性的作用实际车速可能会超过设定的速度，因此在下坡时多关注一下车速表是否已经超速，可避免不必要的损失。

3）在城市道路上不建议使用定速巡航。对于普通的（没有ACC）定速巡航系统来说，还是建议在路况良好的公路上使用，而在情况比较复杂的城市中，不建议使用，一会快一会慢，操作定速巡航也会分神，反倒会增加发生事故的概率。

4）定速巡航最省油是误区。由于定速巡航功能设计的初衷是“定速”，而不是“定油耗”，所以电脑的逻辑会以保证设定速度为第一目的进行调整。在平地上使用定速巡航感觉还不是很明显，但在地面有角度的情况下，车辆会加大节气门开度甚至是降挡来保持设定车速，这与经济驾驶是背道而驰的，所以定速就是省油这个说法是一个误区。比如在受到道路角度等影响车速的阻力下，定速巡航会猛加大节气门开度保持预设速度，如果这时候是人为操作，可以不这么生硬，缓一些也不会比这样慢多少。

5）在山路上不要使用定速巡航。崎岖的山路变化多端，这时不要使用定速巡航（图2-95），因为定速巡航在这时会变得很傻，在上坡时它加大节气门开度，下坡前也不会提前减速，另外山上的弯道是不规则的，有的角度大有的角度小，始终用一个速度过弯时是非常危险的。

6）特殊天气不适用定速巡航。在下雨和下雪时，地面变得湿滑，此时不建议使用定速巡航（图2-96，因为它只会一个劲地踩加速踏板来保持设定速度，而不像人一样可以判断更多的细节，在地面附着力不足时，一个劲地“傻跑”是要不得的，所以在特殊天气里，还是要集中注意力，并且用我们的手和脚亲自驾驭，保证安全。

图 2-95 山路行驶不要使用定速巡航

图 2-96 特殊天气不适用定速巡航

3. 定速巡航的日常使用和维护

定速巡航的操作看似简单，日常使用和维护却有颇多需要注意的地方。

1）如图2-97所示，如果在没有摁下定速巡航按钮的时候，定速巡航的指示灯亮起或者闪烁表示巡航系统出现问题，这时候需要尽快到4S店进行维修。

图 2-97 未启动巡航，指示灯点亮

2）在使用定速巡航的时候，制动距离要比传统驾驶长，原因是采用常规驾驶时，踩制动踏板前脚必须要离开加速踏板，收油后车速已开始下降，发动机本身也有制动作用。而使用定速巡航只有在踩下制动踏板的时候，发动机才停止供油，在这之前都是全速前进的，缺少预减速环节。以高速公路标准时速110km/h为例，一秒钟就向前移动30m，0.1s钟也有3m的距离，3m在车祸中可是一个要人命的距离。

4. 自适应巡航（ACC）系统

随着电子化的升级，定速巡航不再局限于“定速”这个功能，因为在速度经常变化的路况下使用定速巡航是一个很鸡肋的功能，常常让人精神紧张手忙脚乱，还不如用脚控制加速踏板来得直接，为了解决这个问题，自适应巡航系统（Adaptive Cruise Control，ACC）系统就诞生了。它最根本的改变就是在传统的定速巡航中加入了“定距”的逻辑，这就扩大了巡航功能的适用范围，不再是高速公路的特有功能，城市中也可以自如使用。如图2-98所示为ACC系统工作时，仪表板的ACC系统指示灯亮起的情况。

首先打开定速巡航系统，并设置好所需时速（图2-99）。第二步按下自适应巡航按钮，并选择跟车距离。第三步就是用余光快速检查下仪表板，看看有无标志提示（图2-100）。但是，不同品牌、不同车型标志各不相同。此外，设置不同跟车距离后，也会有图形进行提示。图2-101所示即为设置跟车距离近、中、远时不同的显示。

图 2-98　ACC 系统工作指示灯

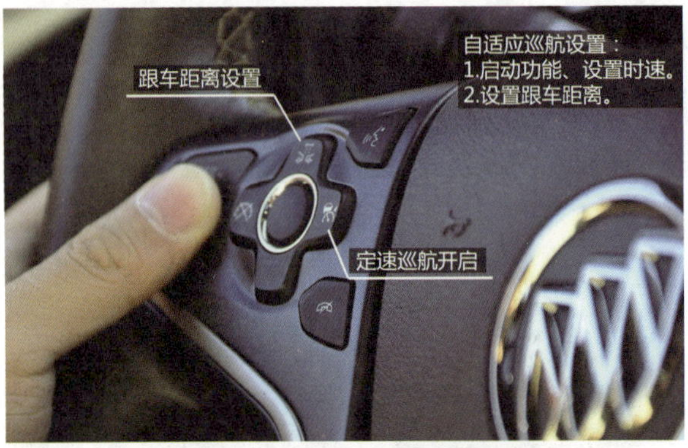

图 2-99　自适应巡航系统的开启

图 2-100　自适应巡航开启成功标志

图 2-101　跟车距离近、中、远时不同的显示

自适应巡航系统会通过传感器扫描前方路面情况，在前方无车情况下，到达您预设时速。前方出现车辆，则按照您预设跟车距离行驶。如果前车速度比您预设速度低，则自适应巡航系统只会按照您预设距离行驶，如果前方车辆比您预设时速高，自适应巡航系统也不会“盲目跟进”，超过您的预设时速。总之，这套系统就是在保证距离的情况下，按照您设定的时速前进。

相比开启，自适应巡航的关闭则简单得多，只要您踩下制动踏板，自适应巡航系统就会自动解除，当然您也可以使用按键手动关闭。如果想要再次激活，您只需按下调节车速按键。

五 行李箱盖的开启

从汽车诞生的那天起，就注定了其拉人载货的历史任务。时至如今，不管是三厢还是两厢，不管是SUV还是MPV，只要是四个轮子的必定会有行李箱的存在。一般来说，其储物空间也不会太小，为开车一族提供了各种生活可能性。怎样正确开启行李箱盖呢？

1. 车外遥控钥匙开启

遥控钥匙直接开启是最直接、最简单的行李箱开启方式了（图2-102）。有的车型遥控钥匙上面可能没有行李箱开启按钮（图2-103），那么直接按解锁键行李箱也会解锁（如飞度）。另外还有 种配备了智能感应钥匙的车型，只要遥控钥匙在一定的范围内（一般为1m左右），按下行李箱上的开关（图2-104），就可以直接打开行李箱（如索纳塔8）。

图 2-102 遥控钥匙直接开启

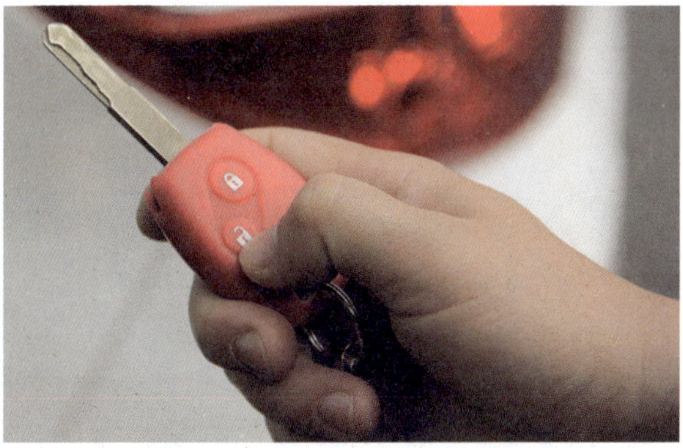

图 2-103 按解锁键解锁行李箱

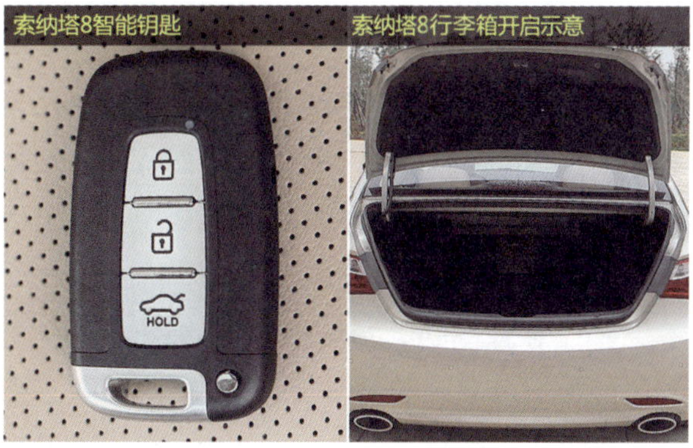

图 2-104 遥控钥匙在一定的范围内按下开关打开行李箱

2. 车内按钮开启

在车外面开行李箱，比如自己拎着大包小包要放进行李箱，一按钥匙就能打开，非常方便。但是在某些不方便下车子的时候，能够在车内就潇洒地打开行李箱也成了一个新的硬性需求（比如去什么地方接亲戚朋友什么的）。于是，大部分车型车内都配备了行李箱开启按钮。

至于按钮的位置也因不同厂商、不同车型而产生差别。大体上来讲，无外乎方向盘左边或是中控区域（图2-105）。而且同一厂商的汽车其行李箱按钮开关都是在同一个位置的（比如一汽大众的车型其按钮一般位于车门上，如图2-106所示为速腾车行李箱开锁按钮）。

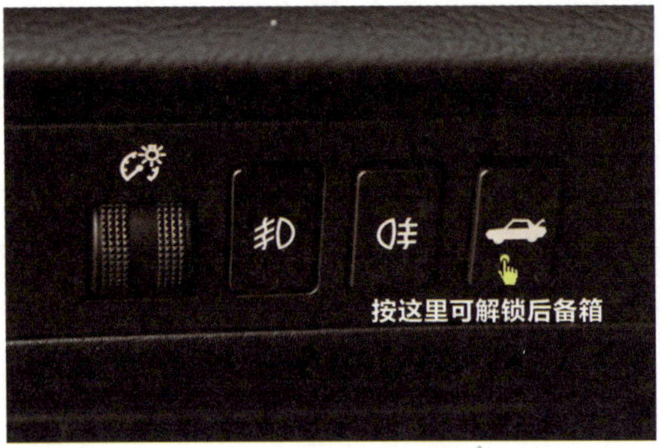

图 2-105　中控区域的行李箱开锁按钮

图 2-106　行李箱开锁按钮

3. 车内拉杆开启

也有些车型并不是按钮开启的，而是一个拉杆，这种拉杆的形式就比较规矩，一般都是在驾驶座的左下侧或者方向盘的左下侧，上面会有一个汽车行李箱盖翘起的图标。通常和油箱盖拉杆在一起，如图2-107所示为丰田卡罗拉行李箱拉杆开关。

图 2-107　拉杆开启行李箱

4. 行李箱的其他开启方式

有的车型既未配备按钮也没有拉杆，那这种是不是不能在车内开启行李箱呢？其实不然，如果没有配备这两种开关，那么就说明你的行李箱是和车门联动锁止的（图2-108），只要打开中控锁，就可以从后面打开行李箱了（如飞度）。

还有一种比较“高大上”的行李箱开启方式，就是脚踢感应式开关。如图2-109所示，你只需把脚轻轻地往行李箱下面一扫，行李箱盖就优雅地打开。完全解放了你的双手，摆脱了搬着东西而无法打开行李箱的尴尬。支持此功能的车型一般都是中高端车型，例如奥迪S8就配备了这种功能。

图 2-108　车门开关开启行李箱

图 2-109 奥迪 S8 的感应开锁

5. 值得注意的细节

（1）五门车一般无法从内部开启

所谓的五门车指的就是那些硬派越野之类，后门比较宽大的。这种后车门从严格意义上讲已经脱离了“行李箱盖”的范畴。所以一般车内是不会设置开关的，因为如果在行驶中误触，可能会造成人员的伤亡。至于普通车型嘛，不存在这个问题啦，除非你钻在行李箱里。图2-110所示为福特翼博的车门解锁后，按下把手上面的黑色按钮，即可从后面拉开车门。

（2）中控锁的安全问题

发动机发动的情况下，大多数车主朋友都会锁住自己的中控，但难免有些朋友会粗心大意而漏锁。你可以想象这样一个场景：当你停在红灯下时，一个身手敏捷的扒手轻轻地打开你的行李箱然后潇洒地走人。而你还哼着小调却浑然不知。所以，车主们平时开车一定要注意锁中控锁（图2-111）。中控锁的位置一般也无外乎车门扶手、中控区域、变速杆把区域这三个地方。

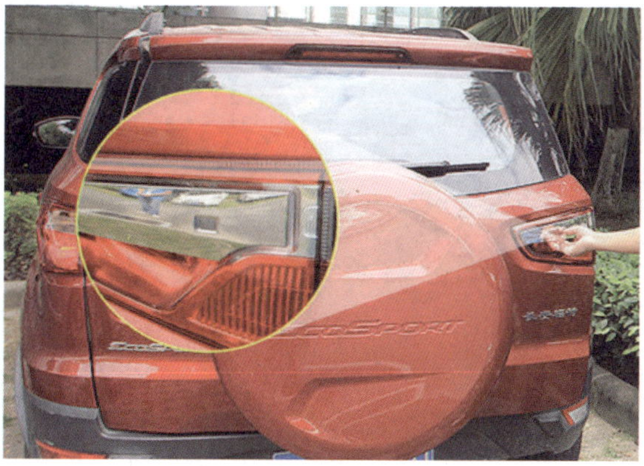

图 2-110 福特翼博的车门开启方式

图 2-111 日产车中控锁

六 油箱盖开启方式

油箱是汽车上最重要的部件之一，只要汽油机还存在油箱就会存在。一般家用轿车开启油箱盖的方式不外乎用钥匙开、车内有开关和直接按压打开三种。

图 2-112　机械钥匙开启式开关

1. 机械钥匙打开式

机械钥匙开启的方式比较复杂，现在很少有家用车使用了，目前这种安装开式一般都出现在比较硬派的SUV之上，比如JEEP的牧马人（图2-112）、哈弗H5等。

2. 车内开关式

图 2-113　车内开关式

现在比较常见的是车内设有开关按键的方式，与机械钥匙打开的方式相比更加方便。如图2-113所示为起亚K5的油箱盖开启按钮，和行李箱盖按钮在一起，位于车门扶手的下方。不过按键方式也容易造成未熄火加油的情况，车主需多加留意。

跟车内开关比较类似的还有车内拉杆，这里的拉杆通常和行李箱拉杆在同一个位置（图2-114），有的单独安装（图2-115）。且一般都是位于驾驶座椅的左侧。

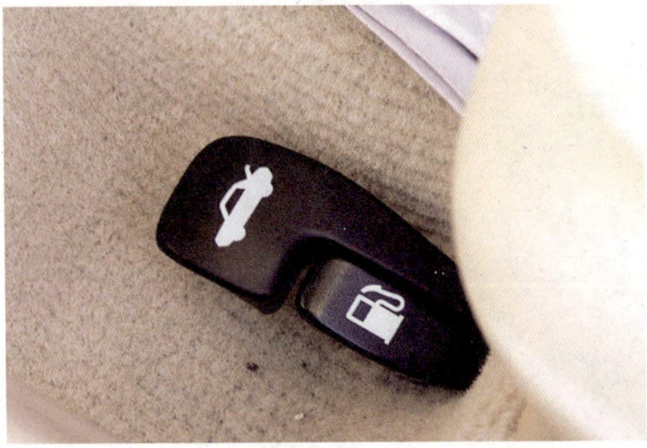

图 2-114　后备箱和油箱的拉杆开关

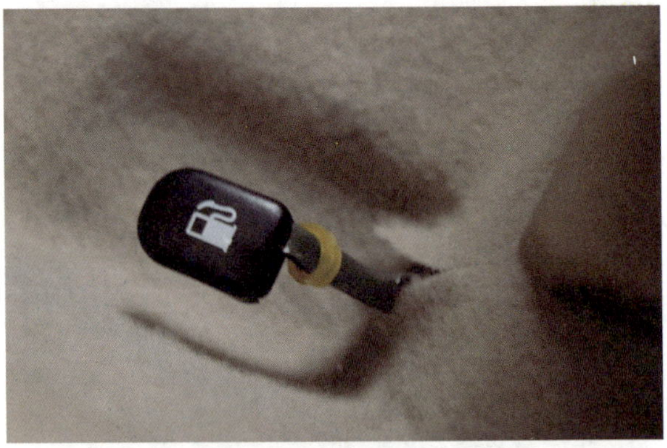

图 2-115　单独安装的油箱拉杆开关

3. 直接按压式

如图2-116所示为直接按压开启的方式，这种方式是三种油箱盖开启方式中最为方便的，不用车主进行任何的操作，加油员直接能够进行加油。采用这种油箱盖开启方式的车在停车时车主一定要注意上锁，否则在中控未上锁的情况下（这点跟行李箱是一样的），油箱盖是可以打开的，有一定的危险性。

图 2-116　直接按压开启方式

七　车内常用的新功能

1. 遮阳板可以向侧面转

遮阳板大家一定不陌生，当我们迎着阳光开车的时候，可以放下遮阳板，来阻挡太阳光对我们的影响（图2-117）。遮阳板除了可以上下翻动以外，还可以左右翻动（图2-118），阻挡来自侧面的光线。有些车型采用双遮阳板的设计（图2-119），这样的设计还是很实用的。

图 2-117　迎着阳光开车可以放下遮阳板

图 2-118　遮阳板可以左右翻动

图 2-119 大众途锐的双遮阳板结构

2. 油表灯看油箱盖方向

车辆的油箱盖有的在左侧，有的在右侧（图2-120），车主应当牢记自己车辆油箱盖的位置，加油时把车停在相应的位置上，否则加油管可能不够长。不过日常生活中有些人就是总也记不住自己油箱盖的位置。

其实分辨加油口的位置并不难，很多车型的油表指示上会有一个小箭头（图2-121），箭头指向哪边，加油口就在哪边。不过个别车型没有这个箭头，就只能自己凭记忆了。

图 2-120　油箱盖的不同位置

一些车型的油量表上可能没有三角符号指示，如图2-122所示，油量表符号旁边有箭头，此箭头并不具体指示油量，而是泛指续航里程等信息。

图 2-121　油表符号显示加油口的位置

图 2-122　油量表符号旁边的箭头表示续航里程

3. 车内后视镜的防眩目模式

在很多人的脑海里，防眩目后视镜通常只在中高端车型中才有配备。不过对于大多数车型来说，车内后视镜是有手动防眩目功能的。当我们遭遇后车开远光灯时，如图2-123所示，可以手动扳下车内后视镜下方的一个小翻板到竖直方向，可在不调整后视镜角度的情况下达到防炫目的后果。

图 2-123　开启车内后视镜的防眩目功能

4. 防止儿童乱动可锁窗

如今很多车都是电动车窗，每个乘客可以单独控制自己一侧的窗户升降，驾驶人也可以分别控制四个车窗的升降。很多车型驾驶门板上电动调节车窗的按键旁边，有一个小按键，如图2-124所示，这个按钮可用来锁闭车窗，主要防止车内儿童误碰车窗发生危险，如果发现车窗无法升降，也许是误碰了这个按键。

图 2-124　锁闭后车窗按钮

5. 安全带高低可调

如今绝大多数的驾驶人已经养成了开车系安全带的好习惯，然而驾驶人需要根据自己的身高，调节安全带的最佳位置。也许有人并不知道，大部分车辆的安全带是可以高低调节的，调节装置就在两侧B柱上（图2-125）的一个锁止按钮，也有向外拔出释放锁止的。安全带调节装置的最高点和最低点如图2-126所示，在最高点和最低点间通常有10cm左右的调整空间。

每个人的身高不同，车和车安全带的位置也不同，身高较高的驾驶人可以把卡扣尽量往上调。身高偏矮的驾驶人可以适当地向下调一些，

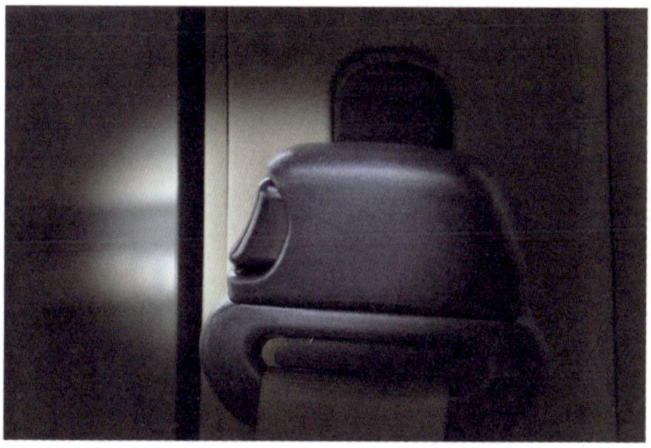

图 2-125　安全带锁上的调节按钮

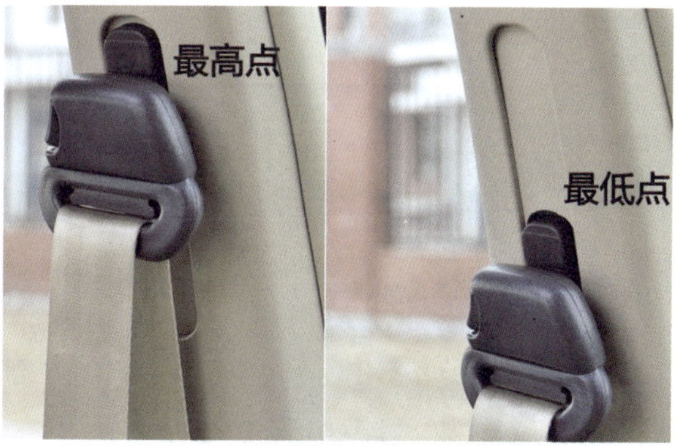

图 2-126　安全带调节装置的最高点和最低点

6. 安全气囊可以关

除了少数年代久远的老车型以外，如今大多数车型都会配备安全气囊，其中一些车辆的前排乘客安全气囊是可以根据需求进行开关的，开关通常设置在中控台的最右侧，打开右侧车门可以看见（图2-127），或是设置在杂物箱中（图2-128）。前排乘客气囊在不坐人的时候可以关闭，但有乘客时记得一定要开启。

由于一些车辆的前排乘客座常年不坐人，但发生事故后前排乘客气囊还会正常弹出，弹出后更换气囊的价格昂贵，出于这些考虑，很多朋友会将前排乘客气囊关闭，当有乘客坐在这个位置的时候再开启。

也有一种说法是当孩子坐在前排乘客座时或是安全座椅倒装在前排时应当关闭气囊，因为气囊弹出的危害也许大于撞击本身。这里需要强调一下，有可能的话孩子一定不要坐在前排位置。一般不得安排未满十二周岁的未成年人乘坐机动车前排乘客位置

图 2–127　中控台最右侧的安全气囊开关

图 2–128　杂物箱中的安全气囊开关

7. 行李箱盖板可以摘下来

大多数SUV和两厢车的行李箱中会设置一个盖板（图2–129），不仅可以避免车内物品被车外人看见，同时防止行李在行驶中散落至座椅上。盖板虽然看上去不大，但其实挺占地方的，一些大物件摆放会受到影响。其实盖板是可以摘除的，当我们需要摆放大件行李的时候，只要把两侧向里一退即可摘下。如图2–130所示，大部分车型的盖板只要向一侧使劲就可以卸下来，另有一些是在一个U形槽中，只要向上一抬就卸下来了。

图 2–129　行李箱中的盖板

图 2–130　行李箱中的盖板可以取下

8. 儿童安全锁的使用

对于带孩子出行的家长来说，就怕孩子在车里乱动出现危险，可能很多家长并不知道，不少车型的后排是设置有儿童安全锁的（图2–131），锁上以后车门从内是无法打开的（图2–132），可以有效避免孩子乱动误开车门的情况发生。

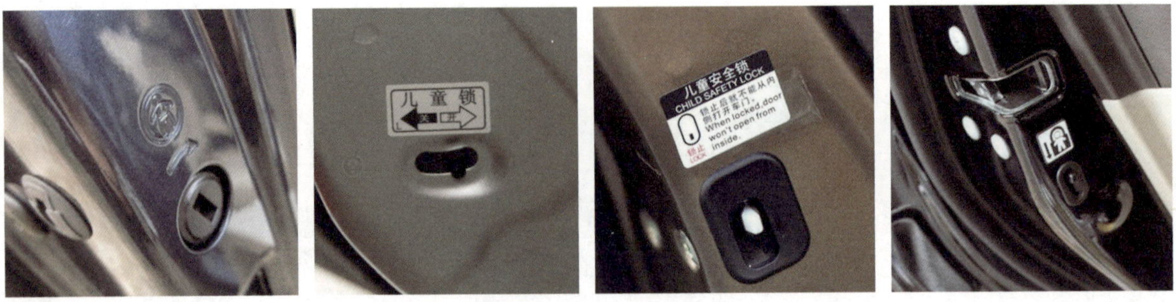

图 2–131　儿童安全锁

当然我们也有可能误碰了这个锁，因此当后排乘客无法从车内打开车门的时候不妨看看是不是锁上了儿童安全锁。

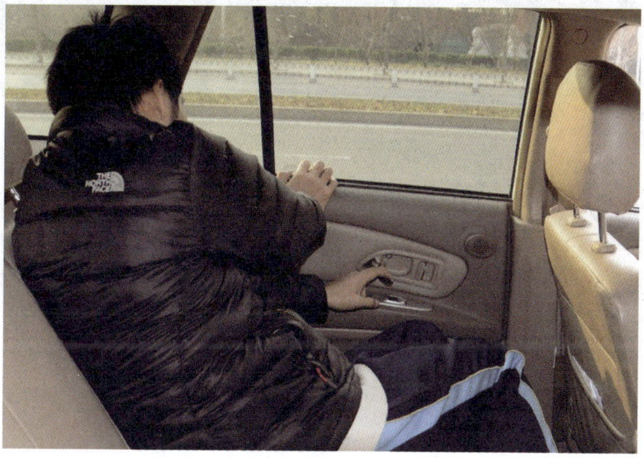

图 2-132　儿童安全锁锁上后车内打不开门

9. 后刮水器怎样开启

下雨时行车要开启刮水器，相信没有驾驶人不知道，不过后车窗被雨水覆盖遮挡视线有解决办法么？除了三厢车以外，绝大多数两厢车、SUV车型或是掀背车型都是有后刮水器的（图2-133），下雨时可以开启后刮水器保持玻璃清洁，必要时后刮水器也可以喷水。

后刮水器刮水和喷水的功能按键通常和前刮水器位置接近（图2-134），不过每个车型设计不同，大家可以观察一下方向盘两侧的功能杆。

图 2-133　后刮水器

图 2-134　后刮水器的操作功能

10. 后风窗起雾怎么办

在雨季和冬季开车时，玻璃上经常会起雾，雾气在玻璃上会非常影响视线。前风窗还好，车主大多通过开启空调来驱逐雾气，然而后窗上的雾气可就让人头疼了。其实如今很多车辆是配备后窗加热功能（图2-135）的，按下中控台的加热按键，后窗上的加热丝就开始加热了，通常一两分钟雾气就可以消散。

图 2-135 空调控制面板上的后窗加热功能

11. 车内应急逃生

当遭遇车祸的时候，车内人员最要紧的事情就是逃到车外来，因此车门、车窗、天窗都成为了我们的逃生通道。但一些事故也许造成车身变形，门窗无法打开，此时从行李箱逃脱也许是个方法。为了给车内人员提供更多的逃生选择，很多车型在行李箱中装有开关（图2-136），危急时刻车内人员可以放倒后排座椅，爬到行李箱中，通过开关开启行李箱逃生。目前并非所有车辆都设置此装置，并且不同车型装置的位置和开启方法都不相同。

图 2-136 行李箱内的逃生开关

12. 玻璃水乱喷可以调

相信很多老车主遇到过这样的情况，开启玻璃水喷水功能，水花乱飞，甚至有些喷过了车顶。通常情况下刮水器的喷头（图2-137）可能被水垢堵住或是喷水角度发生了变化，并且我们可以自己动手进行调整。用针或较细的物体来顶住出水口，轻微移动，反复尝试，可以调整到最佳位置。

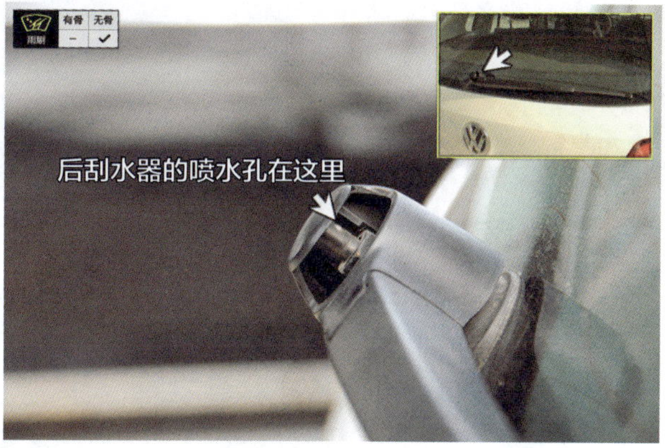

图 2-137　刮水器的喷水孔

13. 变速器小钮有大用

一些细心的车主可能会发现，自动挡车型变速杆附近会有一个不显眼的小按键，这个按键是干什么用的呢？按下这个按钮（图2-138）可以在没电时切换挡位，方便出现故障后挂N挡拖车使用，不同车型的位置是不一样的，没电时不按下这个按钮变速杆将无法移动。

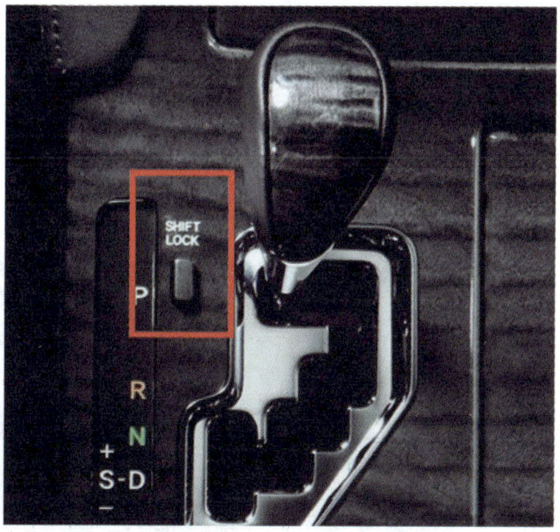

图 2-138　P 位解锁按钮

CHAPTER

第三章

汽车空调使用与养护

汽车空调就是在气温变化时调节车内温度，让乘客感受更畅快，在对车厢内的空气进行制冷、加热、换气和空气净化的整个过程中，空调的正确使用和清洁都格外重要，它决定了乘车人和车辆的健康呼吸。

一 汽车空调类型

常用汽车空调分为三大类：手动、半自动和全自动。而按动力来源分类的话，可以分为独立式空调和非独立式空调，其中独立式空调一般都用于大巴或长途货运汽车上。一般来说15万元以上的车型基本上都能在配置表里找到自动空调这一项，当今已不是什么奢华配置。

1. 按控制方式分类

1）手动空调。风量、出风模式和温度等一切均为手动调节（图3-1）。这种空调适合有机械情节的朋友们，优点是不用费脑筋去想，熟悉后都不用低头看，凭感觉就可以调整一切想调整的，但是最大的弊端就是，任何时候都需要手动调整它。

图 3-1　手动空调控制面板

2）半自动空调。半自动空调和手动空调的最大区别就是，电脑会根据传感器采集的温度变化来决定压缩机的工作状态。风量、出风模式为手动调节，而温度是手动固定数值后，根据传感器采集到的温度变化，由电脑来控制保持恒温（图3-2）。说白了，就是定一个温度，压缩机可以实现间歇工作保持恒温效果。这种空调在功能方面介于自动与手动之间，多出现在10万元左右的家用车上。

3）自动空调。风量、出风模式、温度等一切均为自动调节（图3-3）。如果手动设定温度，那么其他全部根据设定温度自动调节。一般来说多数车型的顶配型号都会将这项配置纳入配置表中，它已经被默认为豪华版的标配。

图 3-2　半自动空调控制面板

图 3-3　全自动空调控制面板

2. 按驱动方式分为独立式和非独立式空调

1）独立式空调：顾名思义，空调系统和其他动力是独立开来的。是专门有一台发动机来给空调提供动力的，这种情况下空调的整个效果上会比较好，但弊端是燃油消耗高。通常这种都多用于大中型客车和货运车上。

2）非独立式空调：轿车上的空调一般都是非独立式的，它们的运转都是利用汽车上唯一的发动机。这种非独立式空调的优点是结构简单、便于安装布置、噪声小，同时经济成本也较低。其缺点就是会影响汽车的动力，其中在低排量的汽车上就显得更加明显，有时候上坡需关闭空调才能顺利爬坡。

二　汽车空调功能键的使用

无论是以上哪一种形式的空调，都会有下面几个常用功能键。

1）A/C按键：汽车上的A/C按键（图3-4）是汽车空调的压缩机开关，按下A/C按钮，空调就开始制冷。

图 3-4　A/C 按键

2）FRONT按键（图3-5）：是前风窗除霜开关，开启后出风口向前风窗吹风。

3）REAR按键（图3-5）：是后风窗除霜开关，开启后后风窗电热丝加热。

图 3-5　控制面板上的 FRONT 按键 REAR 按键

4）风向调节按键。如图3-6所示，自动空调的风向调节按键设计得越来越人性化，很多车型的风向调节按键设计得很形象，如图3-7所示为第八代索纳塔自动空调控制面板，头、上半身和脚分别为三个按钮，直观好用。但是大多数车型的风向依然是常规的，靠一个按键进行切换，普遍标注为“MODE”。手动空调普遍为旋钮式。

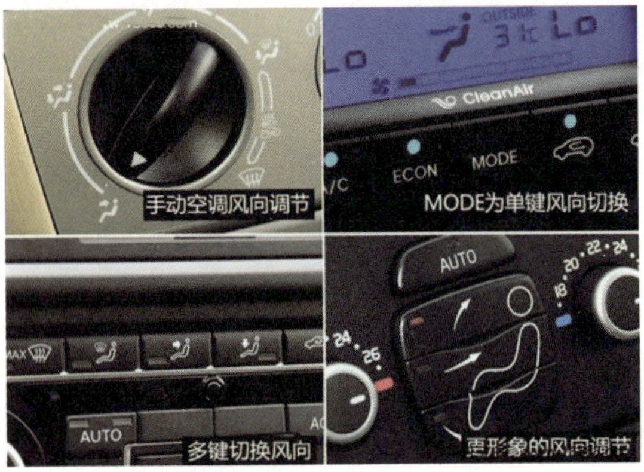

图 3-6　风向调节按键的类型

图 3-7　第八代索纳塔自动空调控制面板

5）自动空调上的分区控制按键。配有双区控制功能的车型，都会有一个前排乘客控制开关键，不过不同的品牌对于这个按键的命名也不同（图3-8），常见的命名有“DUAL”“MONO”“SYNC”“ZONE”，直白地说就是联动开关，开启这个功能后，驾驶人可以设定全车的温度，而关闭这个功能后，前排乘客可以单独设定温度。

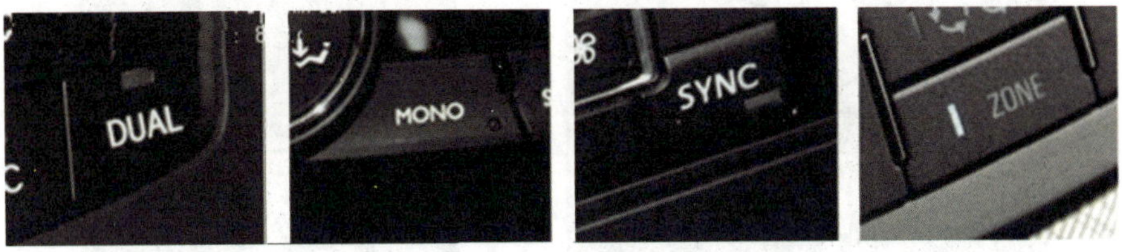

图 3-8　自动空调上的分区控制按键

6）自动空调上的ECON——节能模式。如图3-9所示的按键是自动空调上的经济模式，在此状态下，压缩机为间歇式开启，能一定程度上节省油耗，但是制冷效果不如压缩机不间断工作状态的好。这个功能目前在通用系列车型上常见。

图 3-9　自动空调上的（ECON）节能模式控制键

7）内外循环键的使用。汽车空调的内循环调节是非常重要的，千万不要忽视。目前国内大部分地区都会出现雾霾天气，PM2.5数值高得让人对自己的身体健康严重担忧。所以在污染严重的天气驾车时，一定注意要调整为内循环状态（图3-10）。另外，当你继续改变车内温度的时候，特别是制冷，切换到内循环会比将温度设定为最低有直接的效果。对于部分自动空调车型，还配有内、外循环自动切换功能，所以使用时需要注意这个功能的状态。

图 3-10　汽车空调内循环按键

在空气质量非常好的环境下，开启外循环可以让新鲜空气进入到车内。另外，当风向模式调节到前风窗除雾模式的时候，开启外循环除雾效果会更显著，目前很多配有自动空调的车型在调节到除雾模式的时候会自动切换到外循环。

三　汽车空调使用误区

1）出风模式固定不动。很多人在使用汽车空调的时候，出风模式都是一路固定，甚至是长期固定（图3-11），这不是个好习惯。车辆上每一个出风口都有它的作用，根据不同的使用环境来及时调节出风模式是很有必要的。比如如果前风窗上已经布满雾气，这时候继续使用吹驾驶舱模式就是耽误事儿了。

图 3-11　汽车空调出风模式

另外，就算是没有出现雾气等影响驾驶的情况，在长途行驶中，每隔一段时间也需要有意识地调整出风模式，这样也有利于热风或者冷风更好地在车内循环。如果只使用一种出风模式，很可能就是头热脚凉或者是脚热头凉。

2）冬天开暖风也开A/C。很多车友都存在一个疑惑，就是冬天开暖风用不用开启A/C?答案是不用的，因为汽车上的暖风不是通过压缩机来提供，而是通过利用防冻冷却液，通过暖风散热器来提供暖风（图3-12、图3-13）。

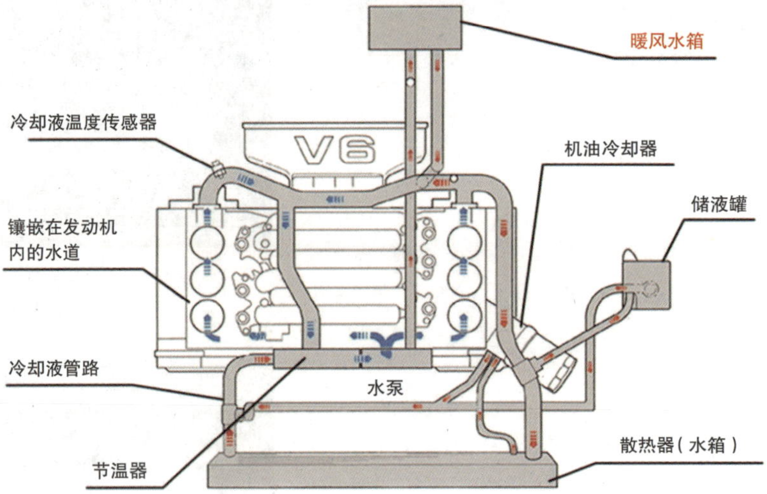

图 3-12　发动机冷却系统结构示意

图 3-13　空调暖风系统部件位置

图 3-14　空调的风量调节

因此即使是在冬天，开启A/C按钮与暖风系统是没有关系的。对于多数手动空调车型来说，开启A/C也是强制制冷，你感觉到的热风，只是风道切换到了暖风出风口，冷风进不来而已，但是压缩机也是在工作的，这就无形地增加了不必的磨损和燃油的消耗。当然，有很多自动空调已经改善这一点，在温度低于设定值时，压缩机不起动。

3）风量不是越大越好。空调的风量使用要适中（图3-14），即使迫切需要改变温度也不要一下子将风量开到最大挡，因为这样可能会适得其反，让温度变化得更慢。如果是冬天，防冻冷却液温度还没有上升到正常值，暖风散热器也是凉的，这时如果再让鼓风机疯狂旋转，那么刚刚攒出来的那点热气就都被吹走了，这样也不利于发动机的凉车预热，对车和人都没什么好处。如果在夏天也是同样的道理，压缩机刚开始工作时如果把鼓风机开最大挡，也会减慢制冷。

另外，对于那些很长时间没有清洗过空调风道的车辆，鼓风机开启最大挡后可能会把那些风道深处的尘土吹入到驾驶舱内，对于国内比较恶劣的空气环境，这样做可能会给车内乘员造成呼吸系统的病症。当然，再次建议，定期清理空气风道（图3-15），一般开春前和入冬前清理一次最佳，保证车内空气质量。

4）吹前风窗雾气，热风最好用。采用热风除雾（图3-16）既不会增加额外的能耗，还可以舒舒服服地开车，一举两得。

图 3-15　空调风道清理

图 3-16　热风除去前风窗雾气

5）停车前5min关闭空调。不少车主常常在熄火之后才想到空调忘记关闭（图3-17），这种做法对发动机是有损耗的，因为在车辆下次起动时，发动机会带着空调的负荷起动。因此，每次停车前应当先关闭空调再熄火。

图 3-17　停车提前关闭汽车空调

在到达目的地停车前5 ~ 10min关掉冷气（A/C键），稍后开启自然风，在车辆熄火前使空调管道内的温度回升，消除与外界的温差，从而保持空调系统的相对干燥。避免因潮湿造成大量真菌的繁殖。空调异味的产生，大多是由于空调管道内冷凝水形成一个阴暗潮湿的环境，使得真菌的繁衍而造成的。如果一停车就关掉空调，那么冷凝水可能淤积在空调管道内，形成污染。

6）先开窗再开空调。如果车在烈日下停放时间较长，车辆起动后不要立刻使用空调。应先把所有车窗都打开，启动外循环，把热气排出去，等车厢内温度下降后，再关闭车窗（图3-18）。

图 3-18　先开窗再开空调

正确的步骤应该是：先把车门、车窗打开，可以先使用风扇进行通风，等两三分钟热气排出后再坐进去发动汽车，且不要急于关上车窗，先打开空调外循环，等到车内外温度相近时，再关闭车窗，启用内循环。这样可以避免发动机起动时过大的负荷，同时空调压缩机也能很快进入到最佳工作状态，所以是最好的选择。

空调系统是平时最常用的舒适性配置，但是越是熟悉的事情越会忽略应该注意的细节，所以我们应该在使用汽车空调时多多关注它，即使是全自动空调也别常年用“AUTO”挡，毕竟它密切关系着我们的安全和健康。

7）空调温度选择不合适。炎热夏天很多人喜欢把温度调得很低，而且我们也会发现不同的车辆空调可调节的最低温度各有不同，甚至有人把这个作为选车的因素之一。

从理论上来讲，人体最适宜的温度是在20 ~ 25℃，如果超过28℃就会觉得闷热，而低于14℃就过于寒冷了。因此车内温度控制在18 ~ 25℃之间为宜（图3-19），同时选择合适的空调温度也是空调保养的重要事项。

8）炎热天气进车不要马上开启内循环。炎热的天气，汽车露天停放时间长了车内很闷热，有些车主喜欢一开车就马上开启空调并打开内循环，希望让车厢内温度快速下降。但是由于车内温度比车外温度高很多，这样做的效果会很不明显。

正确的做法是，先打开车窗通风，开启空调外循环（图3-20），这样可以把原来车内的热空气先排出去，感觉到车厢内温度明显下降之后，再换成内循环就可以了。

图 3-19　选择合适的空调温度

图 3-20　空调内外循环的切换

9）注意调节空调出风口方向，适当开启大风量。有的车主在开启空调后不注意调节空调出风口的方向（图3-21），忽略出风口方向对于发挥空调最佳效果的作用。其实，根据冷空气下沉、热空气上升的科学原理，正确的做法应该是，开冷气时将出风口向上，开暖气时将出风口向下。这样就可以让车内的制冷效果更明显。适时开大空调的风量是把空调风道内表面的浮尘吹出来的最简单有效的方法。

图 3-21　空调出风口

10）不要长时间开着空调。有人怕热怕出汗，一上车就开着空调，但是长时间使用空调会使冷凝器的压力过大，从而对制冷系统造成损耗。空调是发动机的一个沉重负担，而发动机本身又是一个发热体，高温天气时有些小排量汽车甚至会出现散热器开锅现象。

每次使用空调时间不宜过久，如果车内温度已经达到舒适的温度，就可以把空调关掉，隔一会儿再开。但注意也不要过于频繁地开启和关闭空调，以防损坏空调系统。

11）不要开着空调在车内吸烟。车厢内空气密闭，如果在车厢内吸烟（图3-22），烟雾没法很快排出去，刺激眼睛和呼吸系统，还不利于健康。所以如果车内有人吸烟，就应该将空调通风控制调整到排出位置，使车厢内烟雾排出车外。

12）不要在开着空调的停驶车内休息睡眠。汽车的密封性一般都不错，如果车辆停驶却不开窗通风，而采取打开空调的方式休息睡眠（图3-23），很有可能因发动机排出的CO气体漏入车内引起人员中毒，甚至死亡。已经有很多例这样的事件发生，一定要杜绝这种情况发生。

图 3-22　不要开着空调在车内吸烟

图 3-23　不要在开着空调的停驶车内休息睡眠

13）低速行驶时尽量不开空调。行车中如果遇到交通堵塞而导致车辆怠速行驶，这时候空调的工作效率不高，如果为了提高空调效能而使发动机以高转速运转，这样对发动机和空调压缩机的使用寿命都有不好的影响。

14）空调改装要慎重。如果没有特别的情况，不提倡普通车主对车辆的空调进行改装（图3-24），因为原装的空调与汽车的发动机都是相匹配的，不够技术含量地随意改装，会影响汽车的性能。

图 3-24　汽车空调改装

四　汽车空调检修保养

要想让汽车空调健康运行，提供宁静舒适的乘车环境，不仅要正确地使用汽车空调，还要适度合理地保养汽车空调。

（1）全面检查空调

在入夏前的第一次使用空调制冷时要先检查一下空调系统（图3-25），比如通过储液罐检查制冷剂及空调滤芯是否过脏、散热器是否有异物等，必要时进行更换。

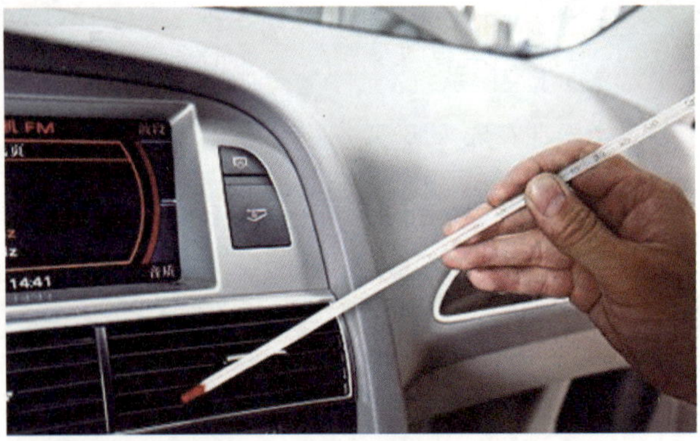

图 3-25　全面检查空调系统

（2）注意空调的清洗

有些新手总是要等到空调效果不好时才想起要清洗空调了，其实空调滤清器是要定期更换的（图3-26），北方天气风沙比较大，都会影响滤清器的使用效果，长期不更换还容易滋长细菌，使空调产生霉味，对人体造成危害。

还有冷凝器也要定时清洗，将散热器拆下来清洗会更彻底。汽车空调换季初次使用时最好对空调系统进行杀菌除臭处理（图3-27）。

图 3-26　空调滤清器的更换

图 3-27　空调的杀菌除臭处理

（3）要经常清洁出风口和驾驶室内的灰尘与污垢

经常清洁出风口（图3-28）和驾驶室内的灰尘与污垢不仅有助于汽车的美观，而且对驾驶人和乘客的身体健康是有益的。

（4）检查压缩机传动带是否良好

如果传动带表面与带轮槽接触侧面光亮，并且启动空调时有“吱吱”的噪声，说明传动带打滑严重，应更换传动带和带轮（图3-29）；如果传动带过松应给予调整，否则易使空调系统制冷不良。

图 3-28　清洁空调出风口

图 3-29　检查空调压缩机传动带

（5）检查空调系统软管和管接头是否有油迹

如果发现有油迹，可能存在渗漏的情况，要及时维修解决。

五 汽车空调的异味

1. 汽车空调异味的危害

汽车空调异味不仅仅是难闻，由于水蒸气附着在空调蒸发器上产生曲霉菌、阴真菌和青真菌等这些真菌，它们会引起头痛、发热，突发性喉咙痛，扁桃体感染，哮喘，流感症状，皮炎以及伤口难愈合等不良反应。

2. 汽车空调异味的原因

汽车空调异味的根源通常是在制冷系统的蒸发器。蒸发器是制冷汽化的场所，正是制冷剂的汽化大量吸热才产生了空调的制冷效果。不过在空气温度降低的同时，蒸发器上也会凝结大量水珠（图3-30）。再加上蒸发器本身也有空气过滤的效果，因此凝结水中也会有空气中的不洁物。在空调正常工作时，这些不洁物会随水排出车外，但也有少量的会残留在蒸发器上。空调停止工作时，蒸发器上也会留有尚未排除的冷凝水，这些水分再和空气中的灰尘、病毒及烟尘等结合，久而久之就滋生真菌导致汽车空调有异味。

图 3-30 空调蒸发器凝结水珠

3. 汽车空调异味解决方法

1）使用空气清新剂或是消毒喷剂都只能缓解异味，但并不能从根本上解决问题，最好的是使用一些化学药剂对空气进行杀菌消毒（图3-31）。

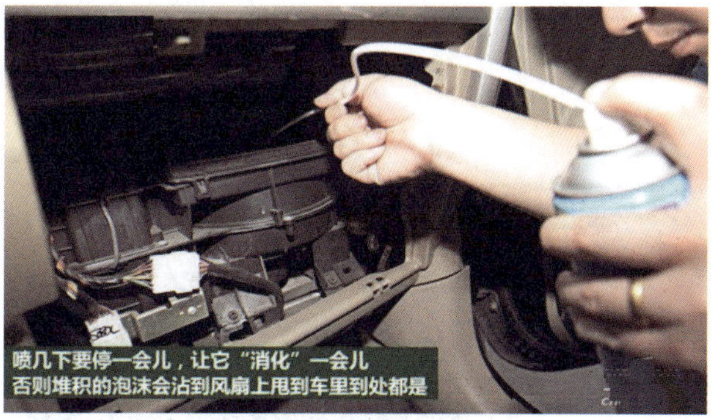

图 3-31 汽车空调清洗

2）如果异味严重，车辆就必须进行专业清洗。车主可以根据车辆的使用时间和实际情况，清洁风道、蒸发器，更换空调滤清器。

3）在使用空调制冷时，在停车熄火之前要提前关闭制冷开关，使用外循环模式吹风，吹开空调蒸发器上的水分，可以避免空调生霉有异味。

正确使用空调和对空调进行必要的保养，不仅可以带来一个凉爽的夏天，还能延长空调使用寿命，改善车内空气质量，预防患上汽车空调病。

六 空调滤清器的更换

汽车的空调滤清器是用于过滤车内灰尘的。时间长了，过量的粉尘会积聚在空调滤清器上从而降低空调滤清器的透气性以及粉尘过滤能力。一般20000km更换一次空调滤清器，初级车主都会在4S店保养时一并更换空调滤清器，这就需要支付较高的零件费用以及工时费用了。大部分车型的空调滤清器，位于前排乘客侧杂物箱后面。其实更换空调滤清器非常简单，车主完全可以自己完成。自己动手更换空调滤清器的步骤如下。

1）拆除杂物箱两侧的阻尼器后便能把杂物箱取出（图3-32）。

图 3-32 拆险杂物箱两侧的阻尼器，取出杂物箱

2）取出杂物箱后，找到空调的鼓风机以及空调滤清器（图3-33）。松开空调滤清器盖板右侧的卡扣就能看到空调滤清器。

3）安装新的空调滤清器时要注意滤清器上面的箭头要向上（图3-34），这样才能获得更好的微尘过滤效果。

图 3-33 空气滤清器的位置

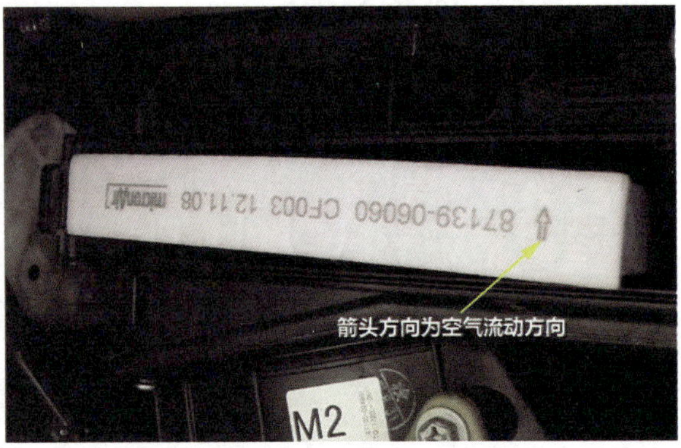

图 3-34 滤清器上面的箭头要向上

4）盖上空调滤清器盖板，把右侧的卡扣扣好（图3-35）。

图 3-35　扣好空调滤清器盖板卡扣

5）把杂物箱放到原来的位置，并把左右两侧的阻尼器扣到杂物箱相应的位置（图3-36）。

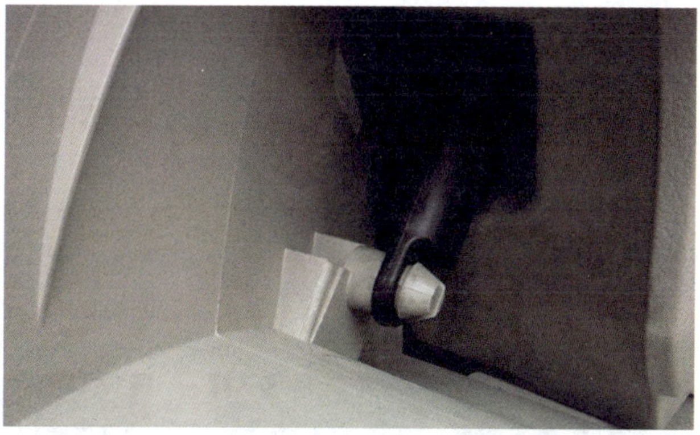

图 3-36　左右两侧的阻尼器扣到杂物箱相应的位置

应该注意的是，不要贪图便宜购买超低价的空调滤清器。因为那些劣质产品的滤纸空气透过性低，且不具备吸附灰尘的能力，长久使用可能会损坏鼓风机并使得车内空气变得浑浊。

一 天冷打火难，应清洁四大系统

1. 进气系统

进气系统主要是指节气门、进气道。进气门的位置在进气歧管的前面、空气滤芯的后边。车型不同，位置有远有近。

症状：进气系统脏的话，容易导致车辆费油、踩加速踏板不往前走或者有卡住的感觉，如果再踩车会往前窜。

节气门的清洁方法：①拆下进气门的固定螺钉（图4-1），拆掉进气管后观察节气门的清洁程度（图4-2）；②使用节气门清洁剂冲洗，如图4-3所示（是专业防灰尘清洗剂，防止吸附灰尘脏得快）；③过一会儿后，再用专用软布将其擦拭干净（图4-4）（如果很脏的话，一定要多次冲洗，直至干净为止）。

进气道的清洁方法：①拆下节气门；②将免拆进气系统清洗剂固定在前机盖上方；③将清洗剂灌入；④在车辆怠速的情况下，转速维持在1500r/min左右，保持10～15min；⑤清洁剂会经发动机燃烧后从排气管排出。

图 4-1　拆下进气门的固定螺钉

图 4-2　看其清洁程度

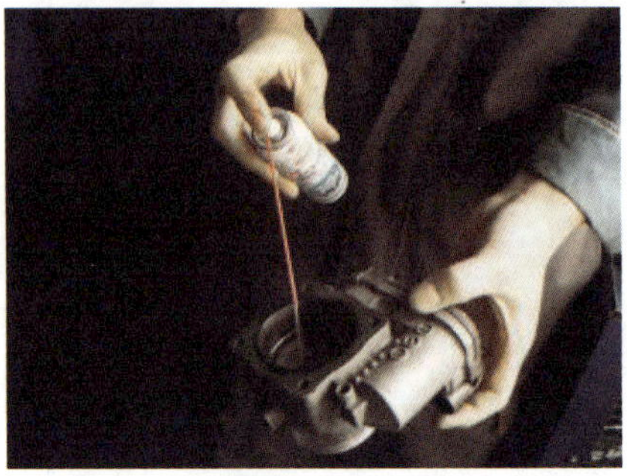
图 4-3　使用节气门清洁剂冲洗

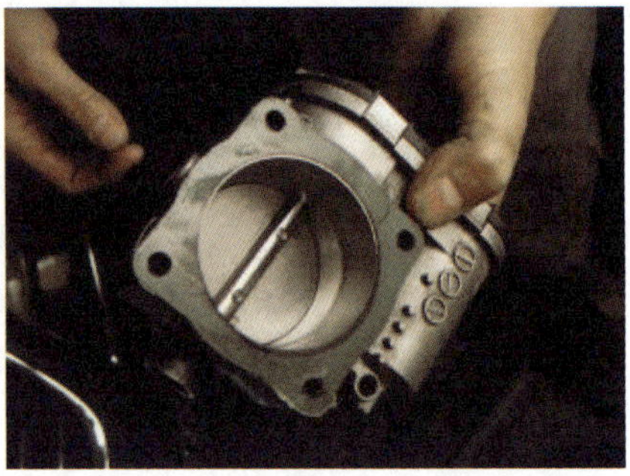
图 4-4　用专用软布擦拭干净

2. 喷油系统

喷油系统包括喷油嘴和汽油箱。

症状：喷油系统脏了容易导致车辆油耗高、怠速抖动、尾气超标、气味大。

清洁方法：①拆下进油管（图4-5）；②接上喷油系统专用工具（图4-6）；③加入免拆洗燃油清洁添加剂（图4-7）；④调好压力（图4-8）；⑤怠速下，转速维持在1200r/min左右，保持20min。

特别提醒
Note：

喷油系统太脏，就需要拆下来使用超声波清洗，清洁得更彻底。但如果行驶里程超过10万公里，建议不要使用超声波清洗，容易把喷油嘴洗坏。

清洗喷油系统，还需注意防火，因为拆下进油管时，会有汽油流出，切忌明火。

图 4-5　拆下进油管

图 4-6　接上喷油系统专用工具

图 4-7　加入免拆洗燃油清洁添加剂

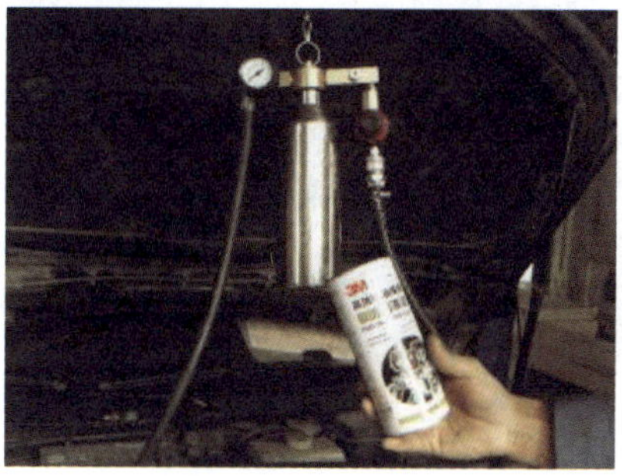

图 4-8　调好压力

3. 排气系统

排气系统是指排气三元催化器，在排气管的后边。

症状：排气系统长期不做保养，汽油不好，容易造成排气管阻塞，尤其超过8万公里，高速提速不行，尾气超标。

清洁方法：①打开油箱盖（图4-9）；② 将三元催化清洗剂加入油箱中（图4-10）；③怠速下，转速维持在2000 ~ 3000r/min，保持20min以上。

图 4–9　打开油箱盖

图 4–10　将三元催化清洗剂加入油箱

4. 燃烧系统

燃烧系统是指燃烧室，在发动机缸盖顶部和活塞的上部。

症状：燃烧系统脏了，车辆容易产生积炭、爆燃、抖动、动力不行，以及尾气超标等。

清洁方法：①打下燃烧室（图4–11）；②加入专业清洁剂（图4–12）；③加上后，到环路上跑一跑，车速最好维持在80 ~ 100km/h。

特别提醒
Note：

如果车辆仅行驶了2万公里，建议免拆洗清洁。如果里程在6 ~ 8万公里，燃烧室很脏了，拆下来清洗。一般情况下不建议拆开清洗。

图 4–11　打下燃烧室

图 4–12　加入专业清洁剂

如果主要在市区开，长途跑得少，四大系统的保养最好每2万公里做一次。如果常去外地，跑长途多，可以3万公里左右做一次。要想使车辆维持好的性能，最好按要求做保养，过一段时间跑跑高速。保养完了，到路面上一跑，会明显感觉到动力上升，节油效果好。

二　火花塞的养护

火花塞的作用是将点火线圈所产生的脉冲高压电引进燃烧室，利用电极产生的电火花点燃混合气，完成燃烧。火花塞的“间隙”是其主要技术指标，间隙过大，点火线圈和分电器产生的高压电难以跳过，致使发动机起动困难；如间隙过小，会导致火花微弱，同时易发生漏电。

1. 选择火花塞的指标

（1）尺寸

更换火花塞必须选择适合自己车辆的尺寸，长度和直径要吻合，尺寸上细微的差别也会对性能造成不良影响，严重者会损伤发动机。如图4-13所示，每支火花塞上都有一个编号，这串字符中的第二个字母代表火花塞的尺寸，其中同时包含了螺纹的直径和长度。

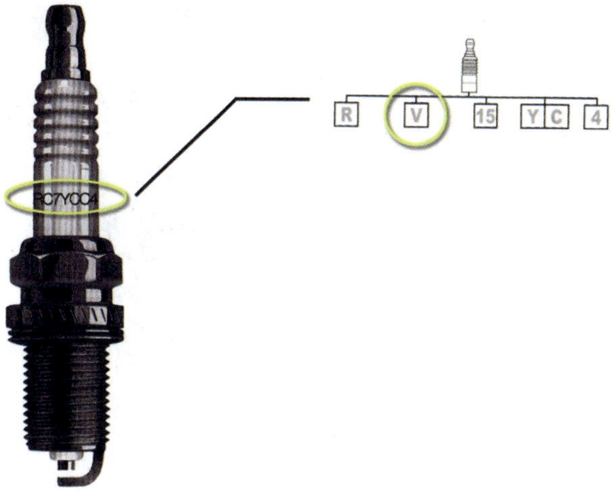

图 4-13　火花塞的编号

螺纹直径主要有10mm、12mm和14mm三种，在我国的在售车型中，14mm是最主流的尺寸，不过随着发动机设计得越来越紧凑，火花塞也不例外，变小变细趋势已定，未来10mm、12mm等直径更细的火花塞将成为主流。

（2）热值

热值这个参数也很重要，最通俗的解释就是火花塞自身的散热能力，不过不同厂家对于火花塞热值的命名规则有所不同，所以不能归纳为热值“高”或“低”，可以简单地分为散热能力好的“冷型”火花塞和适用于低转速发动机的“热型”火花塞。比如冠军火花塞就是数值越大表示火花塞越偏向于“热型”，而NGK火花塞则是数值越大表示越偏向于“冷型”。在选购火花塞的时候一定要根据与车辆匹配的热值来选择，如果选择得不吻合，则会影响发动机的性能。

2. 火花塞的更换周期

火花塞属易消耗件，一般行驶2万～3万公里即应更换。火花塞更换的标志是不跳火，或电极放电部分因烧蚀而成圆形。另外，如在使用中发现火花塞经常积炭、断火，一般是因为火花塞太冷，需换用热型火花塞；若有炽热点火现象或气缸中发出冲击声，则需选用冷型火花塞。

火花塞使用的材质对于它的更换周期有决定性影响，目前市场上主流的火花塞有铜芯、镍合金芯、白金芯、铱金芯，铜芯建议每隔2万～3万公里更换一次，镍合金的周期比铜芯稍长，在4万～6万公里左右更换即可，而铱金和白金芯的火花塞金属特性比较稳定，抗氧化能力好，所以使用寿命会相对要长很多，白金芯建议每隔8万公里更换一次；铱金芯的建议每隔10万公里更换一次.

3. 火花塞在发动机内工作性能的判断

其实对于开车的人不容易判断是否正常，因为火花塞的性能是否良好不能很直观地观察到，像烧机油可以看到蓝色的尾气、积炭多了会顶气门、冷却液亏了会使冷却液温度升高等，但火花塞要是老化了，估计经验丰富的老手驾驶人也只能是说“换一个火花塞试试看”。

如图4-14所示，想检查火花塞状态是否健康，最直接地就是将它们拿出来看，如果电极以及绝缘体处呈淡黄色，则说明这支火花塞的工作状态是“健康”的；如果火花塞电极上有黑色的附着物，就是有“病症”了，这可能是由于“烧机油”或混合气比例不妥造成的。

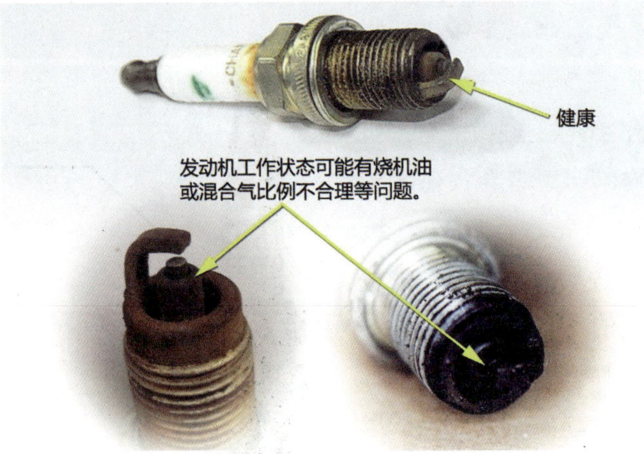

图 4–14　火花塞工作情况的判断

4. 火花塞电极间隙

各种车型的火花塞间隙均有差异，一般应在0.7 ~ 0.9mm，检查间隙大小，可用塞尺（图4–15）或薄的金属片进行。如间隙过大，可用螺丝刀柄轻轻敲打外电极，使其间隙正常；间隙过小时，则可利用螺丝刀或金属片插入电极向外扳动。

如图4–16所示，把塞尺上相应厚度的铁片塞到火花塞的间隙里，如果刚好塞得进，就表示火花塞间隙与铁片的厚度一到；否则换一个厚度的铁片再试。塞尺可多个铁片叠加使用。

图 4–15　检查火花塞电极间隙的塞尺

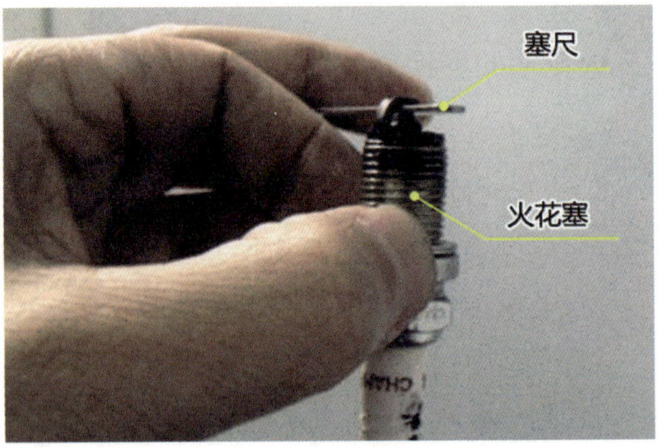

图 4–16　火花塞电极间隙的检查

5. 火花塞的拆装方法

（1）火花塞拆卸步骤

1）拆卸发动机罩（图4–17）。对于进气歧管位于发动机中部的V形发动机来说，还得拆卸一些进气管路等附件。

图 4–17　拆卸发动机罩

2）拆卸点火线圈上的插接器以及点火线圈上的螺栓（图4–18）。点火线圈和缸体之间用橡胶密封，拔出时需要用点力（图4–19）。

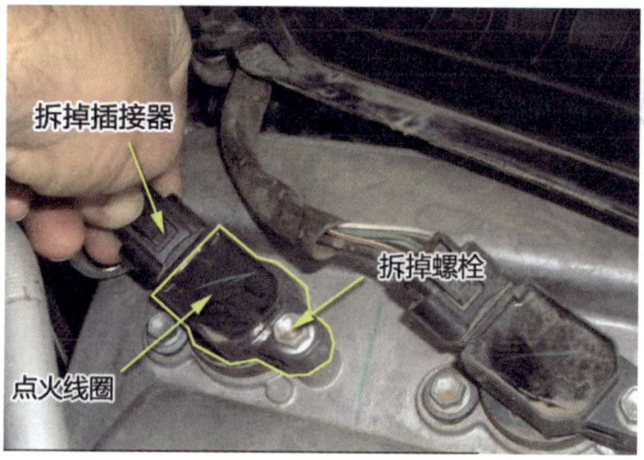

图 4–18　拆点火线圈相关附件

图 4–19　拔出点火线圈

3）拆卸火花塞需要扳手、长接杆和六角套筒（图4–20）。汽车上用的火花塞一般是用16mm的六角套筒拆卸的。

4）带磁性的六角套筒在拆卸火花塞时能够把旋出的火花塞一并带出（图4–21）。如火花塞不带磁性，可在套筒内塞一段较厚的双面胶，也能够把旋出的火花塞一并带出。也可以采用将原点火线圈组件插入后带出火花塞的方法。

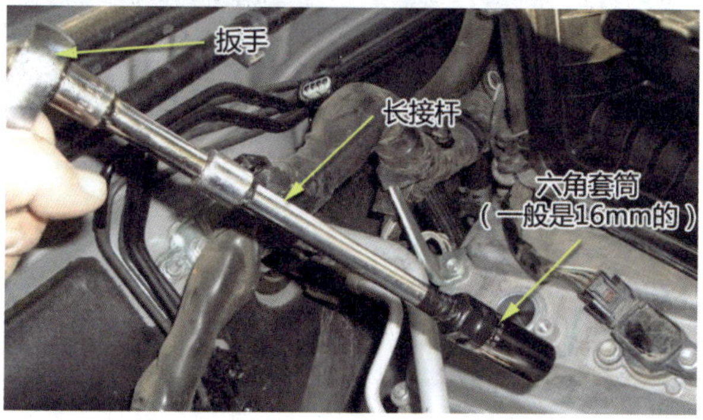

图 4–20　拆卸火花塞所用工具

图 4–21　用带磁性的六角套筒吸出火花塞

（2）火花塞的安装

火花塞安装时，应该把火花塞固定（磁性套筒或使用双面胶）在套筒上再把火花塞塞回原处安装。禁止把火花塞直接从安装孔放下，高度落差可能导致侧电极变形从而导致间隙变小，导致提前跳火影响发动机平顺性。

注意
Note：

在安装火花塞前，请确保新的火花塞与待装车型发动机是匹配的（间隙、热值等参数）。

火花塞的安装可使用力矩扳手预紧火花塞，可按如图4-22所示的参数进行操作。一般轿车使用的火花塞采用轻金属，螺纹参数为“M14×1.25”。平面型底座预紧力矩为20～30N·m，圆锥形底座预紧力矩为10～20N·m。

在没有力矩扳手的情况下，可根据图4-23所示对火花塞进行预紧。平面型底座火花塞预紧角度为90°，圆锥形底座预紧角度为15°。

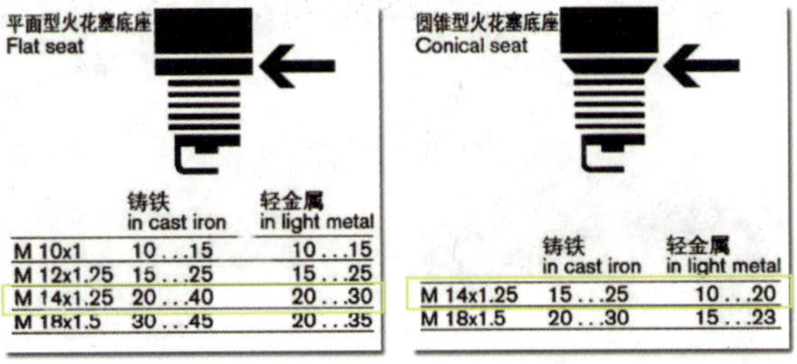

图 4-22　用力矩扳手预紧火花塞

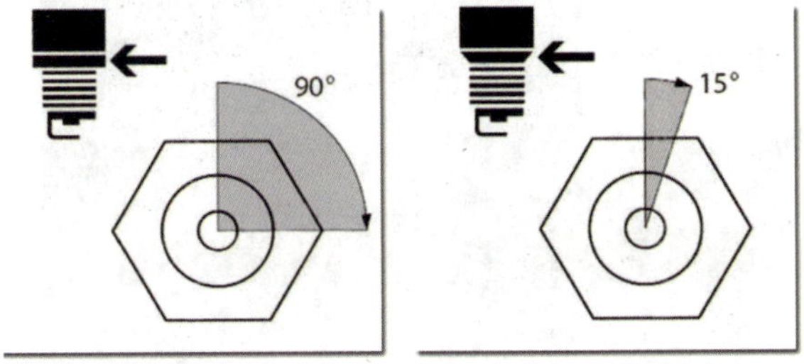

图 4-23　通过旋转一定角度预紧火花塞

（3）火花塞的检查

火花塞的电极正常颜色为灰白色，如电极烧黑并附有积炭，则说明存在故障。检查时可将火花塞与缸体导通（图4-24），用中央高压线触接火花塞的接线柱，然后打开点火开关，观察高压电跳火位置。如电跳位置在火花塞间隙，则说明火花塞作用良好，否则，需换新。

图 4-24　火花塞跳火的检查

6. 火花塞的清洁

火花塞在使用中，其电极及裙部绝缘体会有正常的积炭产生（图4-25），如果这些积炭长期不予清洁，会越积越多，最终导致电极漏电甚至不能点火。所以应定期清除积炭，不要等火花塞工作不正常时才进行清洁。

有些人在对发动机喷银粉或进行其他维护时，不注意火花塞外表的清洁，致使火花塞因外表脏污而漏电。清洁火花塞外表时，不可图方便快捷使用砂纸、金属片等除垢，以确保火花塞外表陶瓷体不受损伤。

现实中，有些路边汽修店常常用火烧的办法来清除火花塞电极及裙部的积炭和油污，这种看似有效的方法，其实是十分错误的。因为火烧时，温度难于控制，很容易将裙部绝缘体烧裂，造成火花塞漏电，而且火烧后产生的细小裂纹往往不易发现，给排除故障带来很大麻烦。

火花塞上积炭和油污的正确清理方法一是用专用设备清洁，会有很好的效果；二是用溶液清洁（图4-26），将火花塞放入酒精或汽油中浸泡一定的时间，当积炭软化后再用毛刷刷净晾干。

图 4-25　火花塞的检查

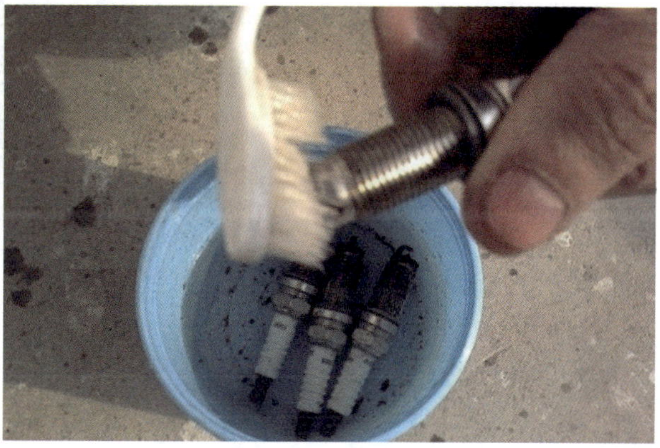

图 4-26　火花塞的清洗

三　节气门清洗

如果您的爱车出现怠速不稳的情况，那很有可能就是节气门脏（图4-27）了的缘故，这时需要做一次清洁来保证爱车的性能。其实清洁节气门并没有我们想象中那么复杂，车主可以自己动手清洗。

图 4-27　节气门脏污

1. 节气门为什么会脏

由于发动机的曲轴箱通风功能和药用炭罐电磁阀，都会将少量汽油蒸气带到节气门上，节气门上附着的机油和汽油，会继续黏附尘土。节气门多长时间会脏，取决于空滤质量、机油质量、行驶路况、空气温度状况、发动机工作温度、驾驶习惯等多个方面。机油脏了、空气滤清器长时间不换、空气滤清器质量不好等，都会加剧节气门的肮脏程度。

节气门是用来控制空气进入发动机的一道可控阀门，其上方（或前方）是空气滤清器，下方是发动机缸体。节气门所处的位置，相当于汽车的“咽喉”。空气进入进气管后需要经过节气门，然后与汽油混合，成为可燃混合气体，参与燃烧做功。汽车怠速是否稳定、加速是否灵活，与节气门的清洁程度是有很大关系的。

2. 怎样判断是否需要清洗

判断节气门需要清洗的方法很简单，只要你的爱车满足以下情况中的任何一项，你就可以判断节气门需要清洗了。

1）发动机怠速抖动。如图4-28所示，其实抖动这个概念很模糊，但如果你够细心的话还是能够发现发动机那种异常的波动。你可以在等红灯的时候经常把手放在方向盘上感觉一下振动的频率是否有变化，或者偶尔趴在发动机的旁边听听它“呼吸”的声音是否急促了，还可以看看发动机的转速表指针在怠速的时候是欢快地来回跳动还是安静地保持稳定。

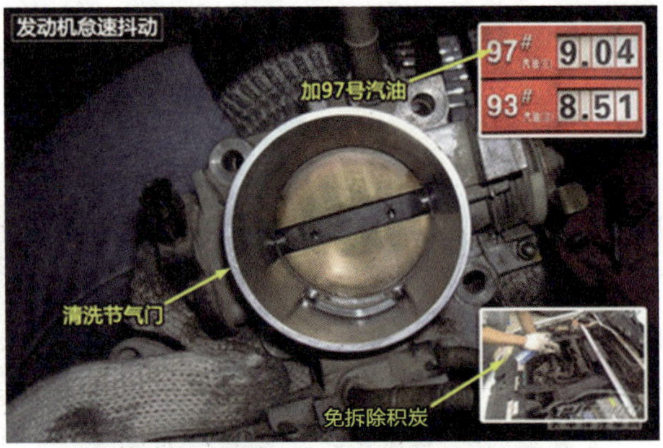

图 4-28　发动机怠速抖动

2）油耗增加：需要做一些记录和测算加上一定的奔跑里程，才能正确地推算出你的小车是否变成了一个“喝油”大户。

3）加速无力、收油不畅：找一个平坦、无人、无监控的马路把加速踏板踩到底，到一定的速度后收回。如果它的表现有些退步的话，那么清洗节气门是第一步。

4）清洗间隔：基本上精明的4S店都会告知你到达一定里程的保养项目，所以当他们通知你的爱车需要做节气门清洗的时候，你就可以“开溜”了。

3. 清洗步骤

第一步：准备工具（图4-29）。世达工具一套，化油器清洗剂一瓶。

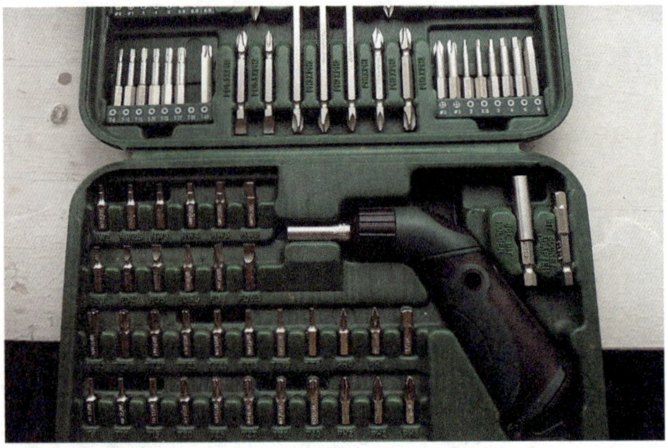

图 4-29　准备的工具及材料

第二步：将发动机盖板卸下，以便于拆卸压力管及固定在其上的管线。车主们需要注意的是，在拆装螺钉的过程中，要避免螺钉掉进发动机舱内（图4-30）。

第三步：拔下节气门线束插头（图4-31）。

第四步：拆卸节气门体（图4-32）。

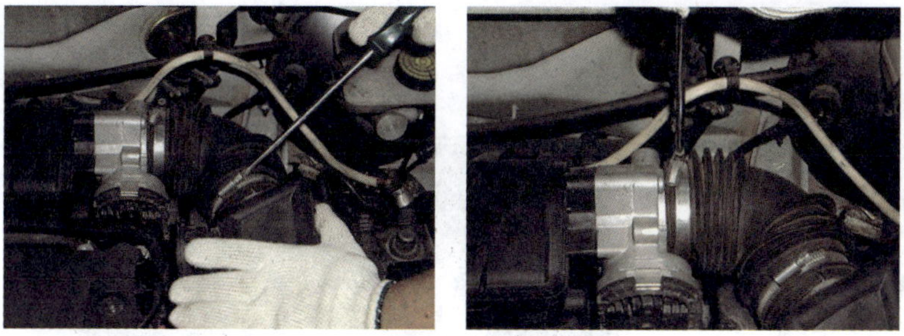

图 4-30　拆卸节气门进气弯管

图 4-31　拔下节气门线束插头

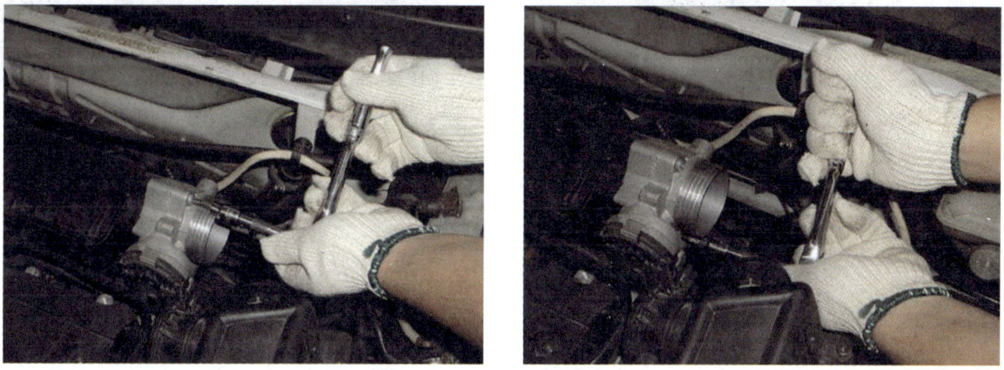

图 4-32　拆卸节气门体

第五步：取出节气门后，可以发现节气门内外都有不少油渍，还黏附了不少污物杂质。将清洁剂喷涂在肮脏的部位后（图4-33），就可以用布认真擦拭了。擦拭的时候不能偷懒，尤其要注意那些容易藏污纳垢的缝隙。如果缝隙太小，可以用棉签蘸些清洁剂清洗。其间用手按照节气门活动方向扳动，以进行彻底清洗（图4-34）。

注意
Note：

取出节气门后，发动机进气总管便暴露了出来，车主一定要守住这个空当，记得遮挡通气管，阻止异物进入发动机缸体。

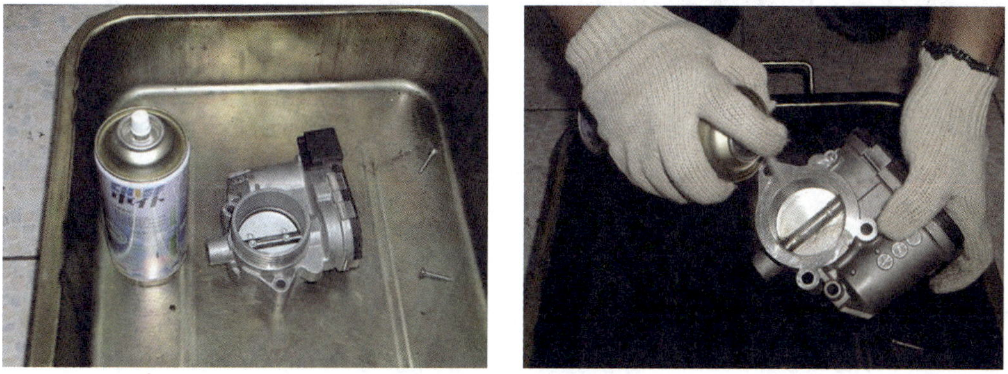

图 4-33　节气门体清洗

第六步：如图4-35所示，将干净的节气门原样安装（上紧3颗固定螺栓、插接线束插头、安装进气弯管）。

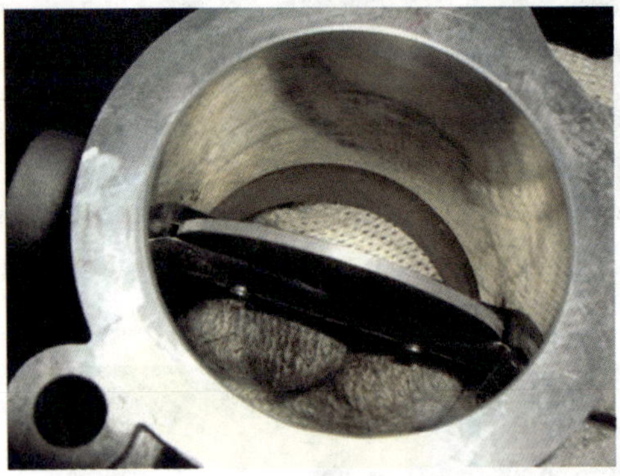

图 4-34　不要忽视节气门的细节

图 4-35　将干净的节气门体安装复位

第七步：进行节气门位置传感器的初始化操作。

（1）雪铁龙车系的初始化操作方法

插入钥匙，将点火开关拧到M位，等待40s左右（图4-36）。 关闭点火开关，等待20s以上再进行起动点火。

上车，插入钥匙，将点火开关再次拧到M位，等待40s左右，如果很安静的话，能够在30S左右的时候听到节气门动作的嗒嗒声。然后，关闭点火开关，等待20s以上再进行起动点火（图4-37）。至此，节气门清洗工作完成。

图 4-36　打开点火开关

图 4-37　等待 20s 起动点火

如果操作不当，计算机就不能准确控制节气门的开度，发动机将“跛行”。出现这种情况后，必须到4S店用PROXIA（雪铁龙的维护软件，类似于标致的PP2000）进行自动调节装置的初始化才能恢复正常。

（2）大众车系清洗节气门之后的匹配

将节气门安装回去后，车主可以直接开车行驶，行车电脑会自动完成匹配。假如车主还不放心的话，则可以用5053数据线进行匹配（图4-38），操作方法如下：

1）熄火，链接5053软件，通电。

2）点击进入01-发动机。

3）点击进入04-基本设定——在组号中输入060，按GO！，等待片刻，直到数据显示“OK”。

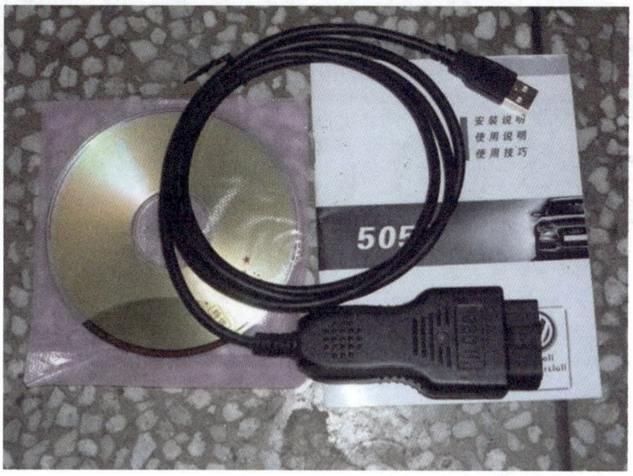

图 4-38　5053 数据线进行节气门匹配

四　正确挑选机油滤清器

对于我们这些普通消费者来说，我们无法看到机滤内部的做工究竟是什么水平，我们只能通过一些技巧去判断。

1. 机滤的作用

机滤的作用是过滤在润滑系统里流动的机油中的杂质，安装在发动机的主油道上（图4-39）。发动机运行一段时间后，便会产生一些杂质。这些杂质主要有两大类：一类是发动机零件在运转中磨损下来的金属屑，另一类是机油在发动机运转过程中的高温状态下，因化学变化而产生的黑色胶泥状有机物。这些杂质，都会混合在机油里面，随着机油在润滑系统中游走。

图 4-39　机滤的安装位置

若发动机缺少了机滤，那么机油内的杂质便得不到有效过滤，继续残留在机油中，并随着机油游走在发动机内部，最终造成发动机内部磨损。

2. 机滤内部构造

机油滤清器的内部构造及装配顺序如图4-40所示。机油滤清器有多个零件组成，每个零件都有自己的作用。

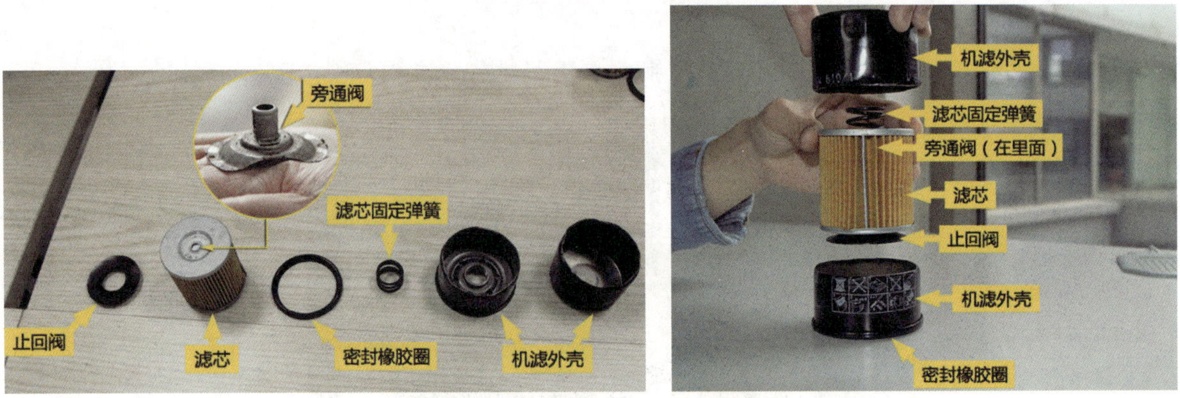

图 4–40　机滤的内部构造及装配顺序

3. 机滤质量的判断

（1）从外观细节判断：好机滤的外观必然好看

某些知名品牌的机滤，不仅用料和做工都好，而且在外观细节（图4–41）的处理上也不会马虎——只有知名品牌才肯在外观细节上投入成本做到最好，山寨货或翻新货根本没有这个能力，也懒得去做好。

图 4–41　看外观细节判断

“以貌取机滤”的方法其实是很管用的，因为好机滤必然有好外貌。廉价机滤本身的来源就很可疑，它们的前身或许是使用过的废旧机滤，通过翻新后重新组装再销售，工艺什么的当然是能省就省。

（2）看机滤橡胶圈是否有韧性和柔软

机滤进出油口的橡胶圈也是判断机滤好坏的参考之一。购买前可以将橡胶圈取下，用手捏捏，感受一下橡胶圈的质感（图4-42）。

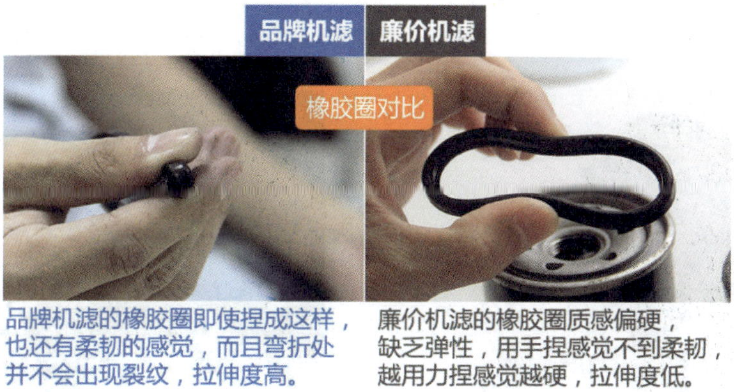

图 4-42　看橡胶圈质感

好的机滤，其橡胶圈的用料会很厚实，而且用手捏时也会有柔软的感觉，以保证进出油口周边的密封性。

（3）看其内部是否具有止回阀结构

是否具有止回阀（图4-43），也是判断一个机滤质量水平高低的重要依据。可以借助身边的小工具来辨别机滤是否有止回阀结构。止回阀的位置就在机滤进油口里面，可以用尖状物插入进油口试探；如果有插到橡胶的柔软感觉，那就表明机滤具有止回阀；如果插到的是硬物，那就表明机滤没有止回阀。

机滤止回阀其实就是一个橡胶皮碗（图4-44），结构很简单，但有一个很重要的作用是阻断机油回流，以保证发动机冷起动时，能在润滑系统内尽早形成油压保证供油，尽可能缩短发动机干磨的时间。简单地说，止回阀就是在车辆熄火后，能让润滑系统保存尽可能多的机油的一个装置。

图 4-43　机油滤清器是否有止回阀

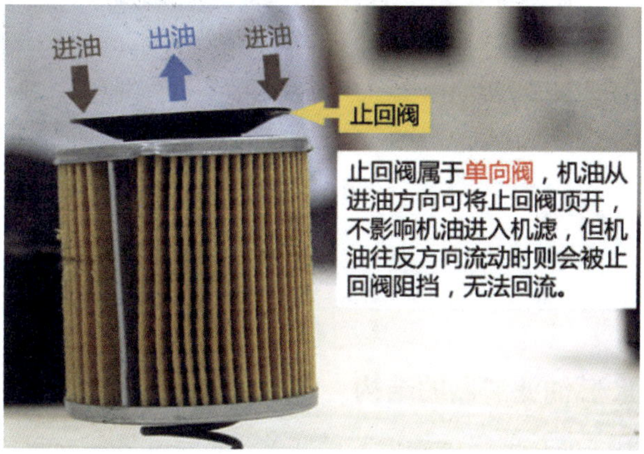

图 4-44　止回阀的结构

（4）将手指伸进机滤摸内壁，判断其是否固定好

好的机滤，其滤芯会被牢牢固定在机滤内部，在承受机油压力和车辆颠簸时都不会移位，以保证机油都从滤纸通过完成过滤。所以从滤芯的固定程度（图4-45），也能判断一个机滤的质量优劣。方法是将手指插入机滤，用力按压内壁，看看滤芯是否会晃动。好的机滤，其滤芯会被稳稳固定，用手指按压也不会移位；廉价劣质机滤的滤芯则是不断晃动。

（5）使劲晃动机滤，听是否有杂音

好的机滤，其滤芯的固定也更好，晃动时并不会出现部件互相干涉的杂音（图4-46）。

图 4-45　看机滤滤芯是否稳固

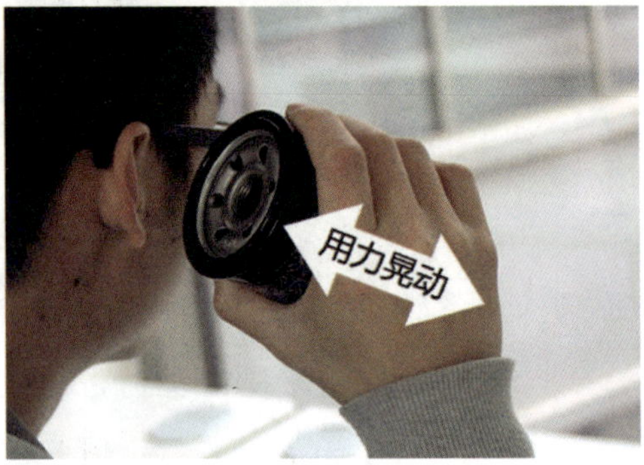

图 4-46　使劲晃动听是否有杂音

（6）廉价机滤的劣质程度

如图4-47所示，廉价机滤的“滤纸”完全就是一块折叠过的硬纸皮，怎么可能有过滤机油的能力呢！品牌机滤的滤芯饱满，过滤面积大，能充分接触通过机滤的机油；廉价机滤的滤芯足足短了一半，还用一根粗弹簧弥补高度的不足。

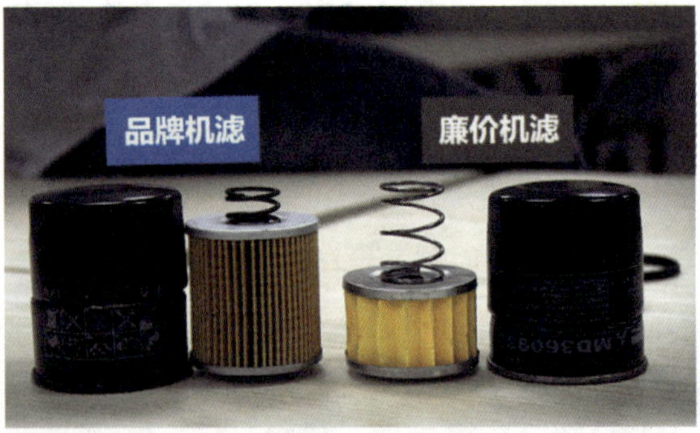

图 4-47　品牌机滤和廉价机滤的对比

五　燃油滤清器的更换

1. 燃油滤清器的结构

燃油滤清器的作用是过滤汽车燃油中的杂质，使供给发动机燃烧的燃油更纯净，普通燃油滤清器的结构如图4-48所示。众所周知，国内汽油质量参差不齐，对燃油滤清器的保养就更加不能忽视

了。一般的燃油滤清器每隔20000km需要更换一次。

普通直进直出式燃油滤清器的实物结构如图4-49所示，汽油通过滤清器时会穿过滤纸，此时杂物会被滤纸吸附从而实现过滤功能。

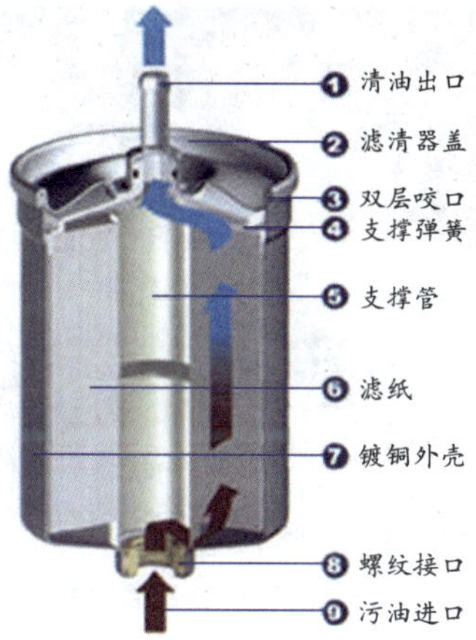

图 4-48　普通燃油滤清器的结构

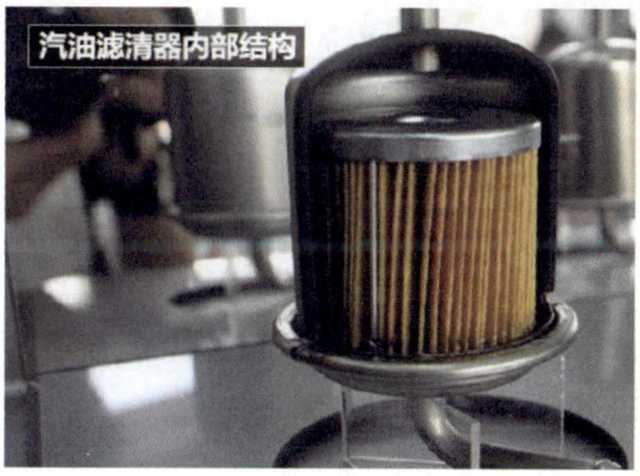

图 4-49　普通燃油滤清器的实物结构

2. 燃油滤清器的类型

常见燃油滤清器有普通直进直出式（图4-50）、带有回油管路的（图4-51）和集成于油泵总成中的（图4-52）三类。

图 4-50 普通直进直出式燃油滤清器

图 4-51　带有回油管路的燃油滤清器

3. 安装在底盘上燃油滤清器的更换

> **注意 Note：**
>
> 任何与汽油相关的维修保养操作均会有起火的风险，在进行操作时必须准备灭火器以备不时之需。

安装在底盘上的燃油滤清器如图4-53所示，一般位于车辆底盘靠近裙脚部位内侧，其更换步骤如下：

1）此类燃油滤清器采用管码（喉码）的方式把油管固

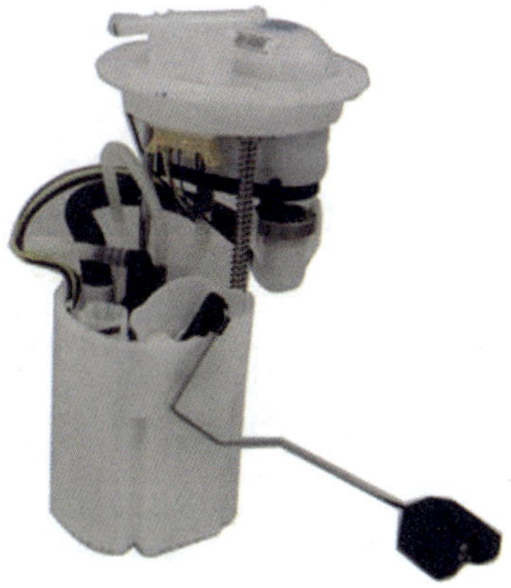

图 4-52　集成于油泵总成中的燃油滤清器

定在燃油滤清器上方，防止油管脱出。

2）拔出车辆钥匙，并断开车辆的油泵熔丝或断开车辆电源。松开滤清器出口一头的管码，拔出油管装到新的滤清器的出口端，锁紧管码（图4-54）；接着在滤清器的进口端进行相同的操作。

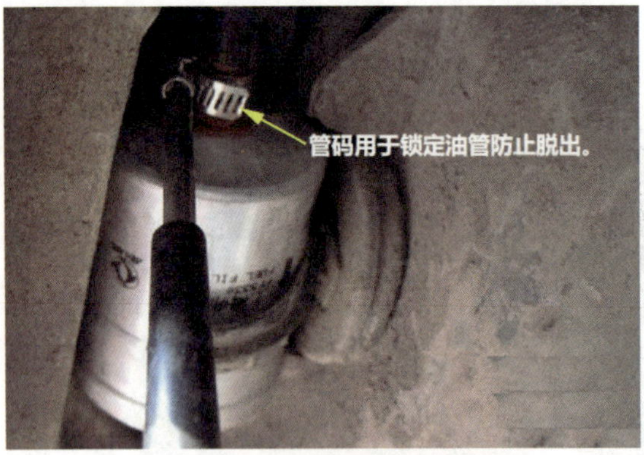

图 4-53　汽油滤清器的安装位置

图 4-54　拆掉燃油滤清器的一端

3）把汽油管路转接到新的滤清器，经检查管路安装牢靠后，便可以把滤清器放回原来的位置并固定好。

4. 集成于油泵总成中的燃油滤清器的更换

更换集成于油泵总成中的燃油滤清器需要拆除整个油泵，且需要特殊油泵拆除工具，不建议普通用户操作。更换步骤如下：

1）拔出车辆钥匙，并断开车辆的油泵熔丝或断开车辆电源，避免在拆卸油泵时油泵动作泵出汽油。

2）拆除后排座椅的坐垫以及油泵上的盖板，可以看到油泵总成（图4-55）。油泵总成被一个黑色的卡环固定，拆除油泵上的线插以及油管后使用专用工具方可拆卸此卡环。拆卸卡环后可取出油泵总成。

3）拆出的燃油泵总成（图4-56），原来白色的橡胶已经发黄，上面集成了油泵、滤清器及油位传感器。

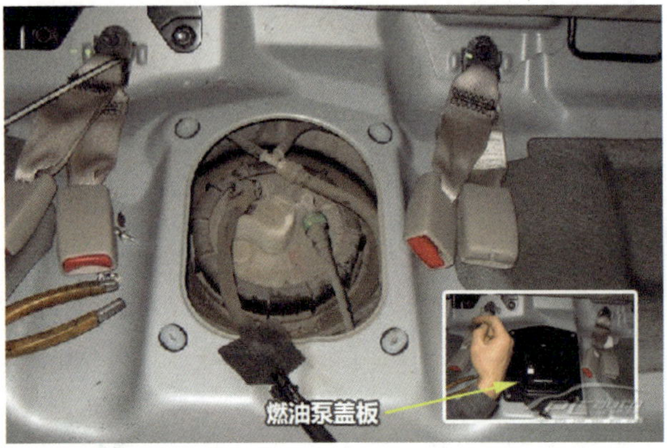

图 4-55　拆除燃油泵盖板

图 4-56　燃油泵总成的组成

4）更换新的燃油滤清器组件及燃油泵，在下方的是燃油滤清器本体（图4-57）。把新的燃油滤清器组件替换旧的燃油滤清器上的相应部件。

5）把更换好燃油滤清器的油泵总成装回到油箱中（图4-58）。最好在燃油泵的密封胶圈上涂上凡士林润滑，避免密封胶圈扭曲后密封不严造成燃油或者燃油气体泄漏。

图 4-57　更换新的燃油滤清器组件

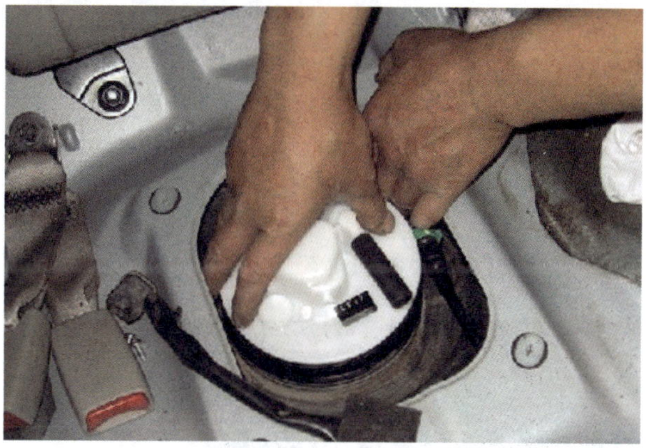
图 4-58　燃油滤清器的油泵总成装回油箱

6）装上油泵的固定卡环，并用专用工具按照维修手册上的标准力矩预紧卡环。

7）装上油泵线插以及油泵上的燃油管即可试车检查是否存在泄漏，如无泄漏则可安装座椅，有泄漏的话则要重装密封胶圈。

5. 采用快速接口及带有回油管路的燃油滤清器

如图4-59所示，对于欧美车系常用的快速接口燃油滤清器（快速接口是一种带自锁功能的管路接口，油管套的滤清器管路上压紧即能自锁），更换方式与上面提到的直进直出式燃油滤清器类似。在更换时需要先了解接口的结构，切勿用蛮力拉扯管路。与此同时，注意各油管的位置，切勿接反，否则将无法着车。

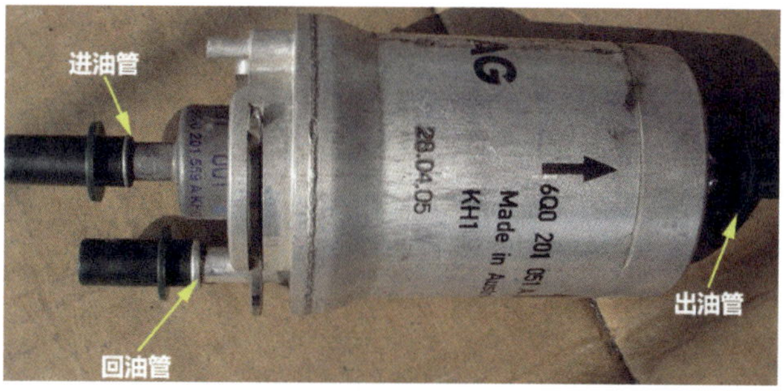

图 4-59　采用快速接口及带有回油管路的燃油滤清器的管路布置

六　空气滤清器的更换

发动机空气滤清器的作用是过滤被吸进气缸燃烧的新鲜空气。空气滤清器主要能过滤一些空气中的粉尘以及体积较大的杂物（如树叶），保证进入气缸空气的洁净性。一般来说，汽车的空气滤清器需要每隔20000km更换一次。由于大部分车型的空气滤清器均位于发动机舱，而且更换相当方便，普通车主也能自己操作。

1）打开发动机舱，如图4-60所示，可以看到空气滤清器被一个密封壳体覆盖，进气管连接在此壳体上方。要更换空气滤清器就要拆开这个壳体盖。

2）一般在空气滤清器壳体盖四周有4个卡扣（图4-61），用于把塑料壳体压紧在空气滤清器上方，保持进气管路的密封。卡扣的结构较为简单，通过往外掰卡扣就能把其拆除，拆除卡扣后便能打开塑料壳体，看到里面的空气滤清器。

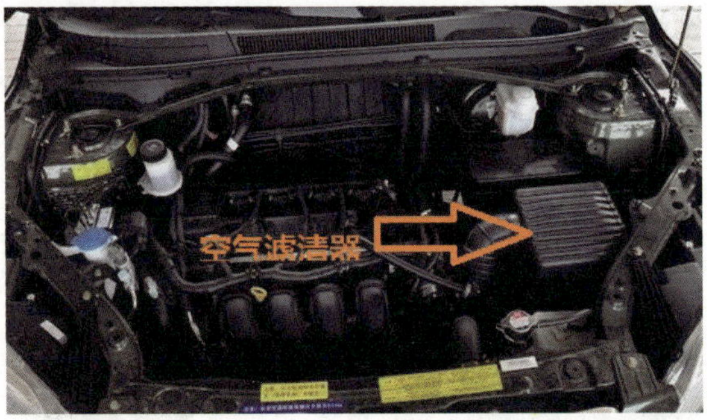

图 4-60　空气滤清器安装位置

3）拆除旧的空气滤清器后，检查空气滤清器下方的滤清器座是否积聚灰尘（图4-62）。如有灰尘可以使用拧干的湿布或者高压风枪清除灰尘。

图 4-61　打开空气滤清器卡扣

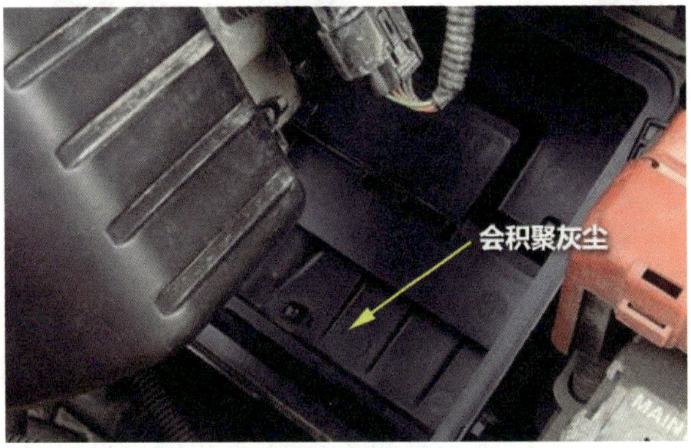

图 4-62　滤清器座会积聚灰尘

4）对比拆下的新旧两个滤清器，发现旧的滤清器的滤纸已经发黑（图4-63）。原因是纸质纤维中已经积聚了很多的灰尘。灰尘积聚过多必然就会使得空气流量过低，导致发动机工作状况变差，动力性能减弱。因此，定期更换空气滤清器对于发动机的动力性能的保持有一定的帮助。

5）在安装新的空气滤清器的时候，需要注意空气滤清器下方靠右的一个突出的塑料片（图4-64），此塑料片是用于防止装反空气滤清器而设计的。安装空气滤清器时要把塑料片卡到滤清器座的卡槽里面才算安装到位。

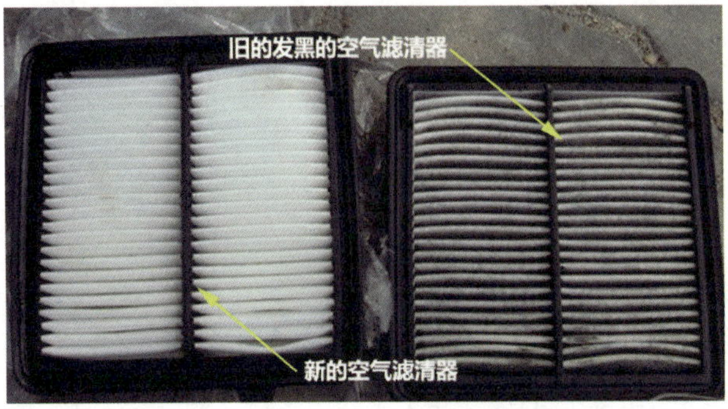

图 4-63　新旧空气滤芯的洁净程度对比

图 4-64　防装反的卡槽

6）确定空气滤清器安装到位后便可以盖上外壳，把边缘的4个卡扣扣好即安装完毕。

七 发动机正时带的养护

汽车保养并不仅限于更换三滤以及一些油液。车主们对车辆保养知识的缺乏有可能造成车辆寿命的缩短。虽然目前免维护正时链已经被广泛使用了，但还是无法完全取代正时带（图4-65）。正时带的更换费用较高，不同车型更换正时带的里程也不一样。

图 4-65　发动机正时带

1. 正时带断裂的后果

正时带具有一定的寿命，寿命到达之后，正时带会出现断裂的情况，也许你认为不就断裂而已嘛，大不了发动机无法正时，最多发动机停止工作。殊不知，发动机正时带断裂的后果却是非常严重的。

在发动机正常工作的时候，凸轮轴与曲轴之间由一条正时带（正时链）连接着，正时带的作用是将凸轮轴与曲轴进行连接并配合一定的传动比来保证进、排气时间的准确。正时带断裂之后，发动机的凸轮轴失去了正时功能，凸轮轴会停止转动，如果此时你的进排气门处于闭合状态，可能没有什么不良后果，但目前一般采用多缸发动机，总会有进气门或排气门是处于开启的状态的。如图4-66所示，由于凸轮无法回位，而凸轮轴是压在气门顶柱上，此时活塞从下止点往上止点移动，最后是火花塞与开启当中的进排气门"亲密接触"，结果是进排气门变形或者活塞被顶漏。

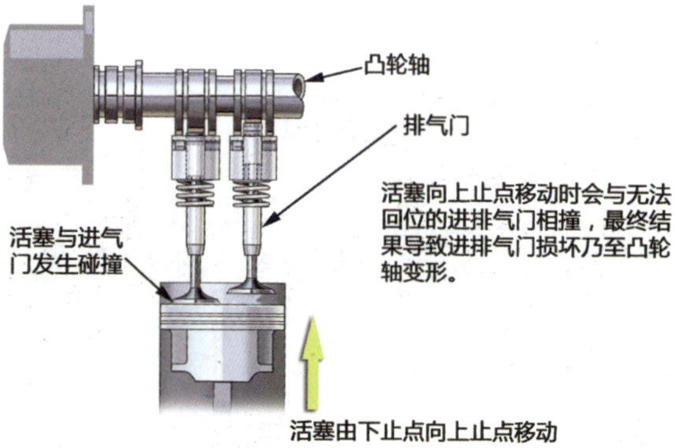

图 4-66　正时带断裂的后果

此外，由于凸轮轴的凸轮压在气门顶柱上开启了进排气门，当进排气门受到来自活塞的撞击之后，这些冲击力也会传到凸轮轴上，严重者引起变形，最终导致整个配气机构乃至发动机损坏。

2. 正时带的更换周期

正时带的更换周期各个厂家的规定不尽相同，一般在3年或6万公里就需要更换正时带，而平时则是检查为主。

八 氧传感器和三元催化器的养护

氧传感器和三元催化器虽然是两个不同的部件，但它们有一个共同的目的：减少碳氢化合物（HC）、一氧化碳（CO）和氮氧化合物（NO_X）污染物排到空气中。氧传感器和三元催化器的区别是，前氧传感器的作用是减少这些有害污染的产生，而三元催化器的作用是将这些污染物通过氧化和还原作用转变为无害的二氧化碳、水和氮气，是一个净化装置。

氧传感器和三元催化器都是属于耐用产品，一般情况下是不那么容易损坏的，而且平时也不需要特别做什么保养。只要在日常生活中多注意一些细节，就可以很大程度上延长它们的寿命。

1. 氧传感器的养护

1）每3万公里检查一次。每3万公里检查氧传感器的工作状态（图4-67），如果出现老化或者失效，及时清洗或更换新的氧传感器。因为，三元催化装置及发动机性能都会由于氧传感器的工作失常而受到损伤，千万不要因小失大。

2）不要让氧传感器与硬物碰撞。因为氧传感器有陶瓷敏感元件，如果掉在地上或者与其他硬物碰撞，这种剧烈的振动、冲击，就可能损坏传感器中的陶瓷元件或加热元件。

3）避免拉扯传感器导线。这个和其他电器设备一样，过度地拉拽传感器导线，就可能导致传感器的不可靠连接，从而影响氧传感器的工作。

4）熄火后勿冲洗排气管。发动机刚熄火时，一定不要立马去冲洗排气管（图4-68）。因为排气管受到外部急剧冷却时，会导致氧传感器的陶瓷敏感元件炸裂，从而导致氧传感器损坏。

图 4-67　氧传感器工作情况的检查

图 4-68　冲洗排气管

2. 三元催化器的养护

1）不去小型加油站加油。油品问题是导致氧传感器和三元催化器损坏的最大原因。所以，车主在日常用车中尽可能去正规的加油站加油（图4-69）。如果在某个加油站加完后，车辆出现了顿挫或动力不足等故障时，一定要及时到4S店清洗并及时更换加油站。

图 4-69　正规加油站加油

2）避免发动机长时间空转。怠速空转时，发动机内就会有少量混合气未得到完全燃烧，就直接进入排气系统，如果怠速时间过长就会导致排气系统持续升温，从而烧坏三元催化器（图4-70）。所以，车主要尽可能减少长时间怠速。同时要定期检查三元催化器（注意：三元催化器的检查要在温度降下来后才可操作！），如果有高温炽烧过的痕迹和异常颜色，说明催化器曾经过热，工作效果已经降低。

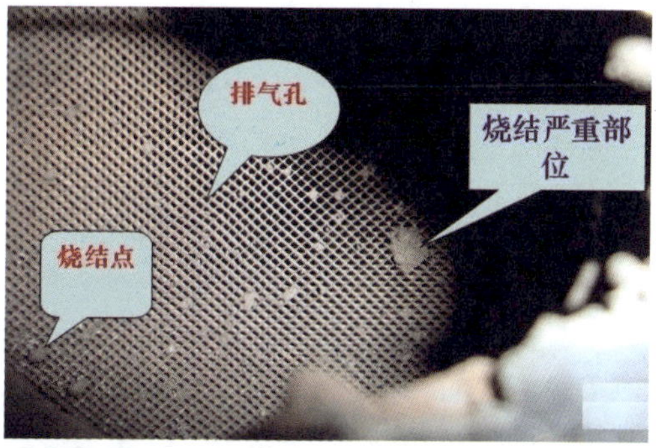

图 4-70　三元催化器的检查

3）三元催化器注意不要托底。这是因为制造三元催化器的材料很脆弱，遇到碰撞就会破碎，从而导致催化器和排气系统堵塞，所以车主要特别注意汽车托底（图4-71）。同时要定期检查三元催化器（但一定要在温度降下来后才可操作！），看外表有没有损伤，在三元催化器温度降下后可用手敲击金属表面或是行驶中，如果听到里面有类似陶瓷破碎的声音，说明催化器已经损坏，需要更换。

图 4-71　三元催化器托底造成损坏

在正常用车情况下，氧传感器和三元催化器是不那么容易坏的，车主平时多注意一些细节就能够很好地延长寿命。另外，如果车主发现自己爱车出现了顿挫和动力不足等问题时，一定要及时到4S店清洗油路并更换加油站。

CHAPTER

第五章

变速器的使用

现在很多人在查询车型配置时，会发现在变速器一栏写着手动或者自动，有一些还写着手自一体，因此很多人就会误认为汽车变速器分为手动、自动和手自一体这几种类型。其实这是错误的。手自一体只是自动变速器的一种表现形式，并不是一种变速器的类型，而自动挡也分很多种类。汽车自动变速器常见的有四种形式：分别是液力自动变速器（AT）、机械无级自动变速器（CVT）、电控机械自动变速器（AMT）、双离合器自动变速器（Dual Clutch Transmission—DCT）。

一 自动变速器使用

汽车使用自动变速器后，驾驶人的操作更加简便，驾驶更加平顺，自动挡汽车尤其受到了人们的青睐。不过，很多驾驶人初开自动挡车时，由于对自动变速器的结构和原理不是很了解，行车时经常是一个D位走完全程，其间只会在停车时用N位和R位、P位，至于其余的挡位则形同虚设，这对汽车的动力性和安全性的发挥都是不利的。

1. 自动挡挡位类型

（1）直排式挡位

这种挡位设计非常普遍，目前很多品牌的自动挡车型都使用这种挡位，这种直排式的挡位（图5-1）设计优点是换挡相对比较直接，缺点是在盲操作时容易挂错挡。

（2）阶梯式挡位

阶梯式挡位（图5-2）又叫蛇形挡位，这种挡位也是非常常见的自动挡挡位设计。优缺点刚好和直排式相反，优点是挂挡时不容易挂错挡，缺点是操作上不如直排式那样直接。

图 5-1　直排式挡位

图 5-2　阶梯式挡位

（3）怀挡

怀挡在欧美国家曾经比较流行，不过在中国还是比较少见的，怀挡的位置在方向盘右侧（图5-3），目前奔驰的很多车型都在使用怀挡，还有很多美系车也使用这种设计。怀挡的优点是节省出中控台的空间，缺点是由于占据了一侧控制杆的位置，把刮水器、转向灯等功能都集中在另一侧的控制杆上，与地挡的双控制杆相比，这个控制杆虽然操作起来比较繁琐，但习惯后也不是什么难题。

图 5-3　奔驰车系怀挡

（4）电子变速杆

电子变速杆前些年还比较少见，不过最近有很多厂商也开始使用这种设计，比较有代表性的就是宝马，还有一些其他品牌的某些车型也使用电子变速杆，比如宝马7系、奥迪A8L（图5-4）、克莱斯勒300C等。

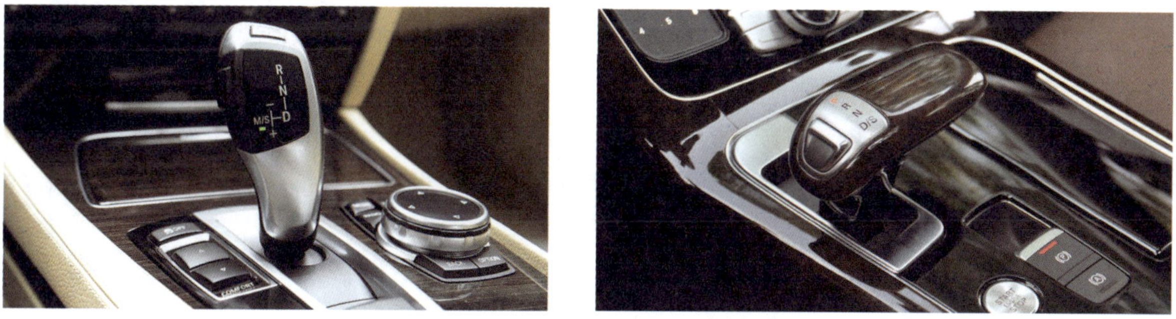

图 5-4　宝马 7 系和奥迪 A8 的电子变速杆

（5）旋钮式变速杆

旋钮式变速杆比较少见，使用这种设计的车型有捷豹XF、XJ、XK和路虎的揽胜、极光（图5-5）。其实旋钮式变速杆也属于电子变速杆，只是外形和换挡方式不同，它们的原理是一样的。熄火后这个旋钮会降下去，与中控台形成一个平面，看起来很精致，起动发动机后旋钮升起。这种设计对于人性化倒是没有什么贡献，但看起来科技感很强，很炫。

图 5-5　陆虎旋钮式电子变速杆

2. 自动变速器的挡位分布

一般的自动变速器有5 ~ 7个挡位（图5-6），它们从前到后依次排列分别为：P（停车挡）、R（倒挡）、N（空挡）、D（前进挡），而有的前进挡中包括D、3、2、1挡。有的车型前进挡只有三个挡位（D、2、1），若装备四挡变速器，另可能还有一个超速选择开关（O/D）接通超速挡。

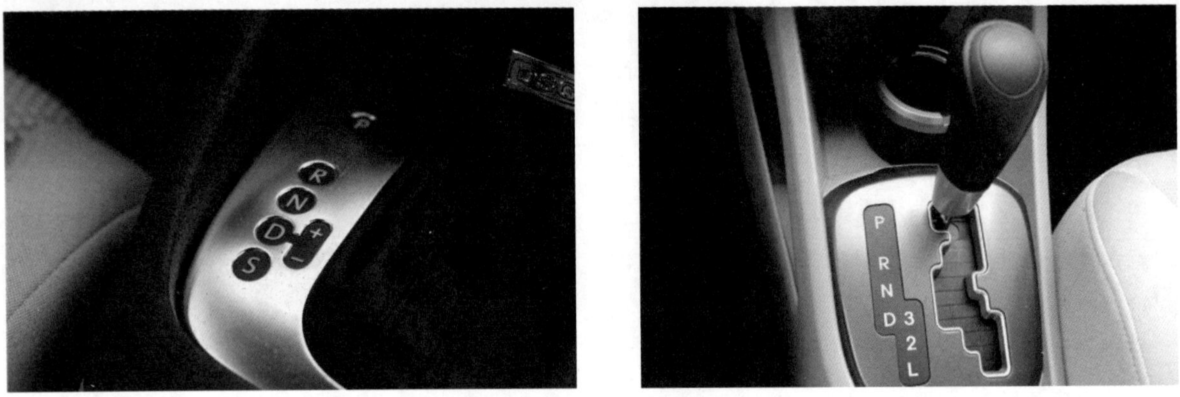

图 5-6　自动变速器的挡位

1）P位（停车挡）：只有在车辆完全停稳时，才可挂入该挡位，挂入该挡位后，驱动车轮被机械装置锁止而使车轮无法转动。若想将变速杆移出该位置，须踏下制动踏板并按下变速杆手柄上的锁止按钮。

2）R位（倒车挡）：只有当车辆静止且发动机怠速运转时，才可挂入倒车挡，按下变速杆手柄按钮，即可将变速杆移入或移出倒车挡。在车辆前行时，不要误将变速杆挂入R位，特别是在变速器处于应急状态时，千万不能在前行中挂入R位，那样会使自动变速器严重损坏。

3）N位（空挡）：在点火开关打开状态下，车辆静止或车速低于5km/h时，挂入该挡位后，变速杆会被锁止电磁铁锁止。若想移出该挡位，需踏下制动踏板，同时按下手柄按钮，在车速高于5km/h时，只需按下手柄按钮即可将变速杆移入或移出N位。

4）D位（驱动挡）：一般情况下可选用此挡位，在D位，变速器控制单元根据车速及发动机负荷等参数，控制变速器在1 ~ 4挡中自由切换。

5）3位（坡路挡）：在有坡度的路面上行驶时可挂入该挡位，此时变速器会在1 ~ 3挡中自动换挡，但不会换入4挡，这样，在下坡时提高了发动机的制动效果。

6）2位（长坡挡）：遇到较长距离的坡路时选用此挡位，控制单元根据行驶速度及节气门的开度变化，控制车辆在1、2挡中自动换挡，这样一方面避免了挂入不必要的高速挡，另一方面在下坡时可更好地利用发动机的制动效果。

7）1位（陡坡挡）：在上下非常陡峭的坡路时选用此挡位，挂入1位后，汽车总处于1挡行驶状态，而不会换入其他3个前进挡位，这样一方面可以保证在爬坡时有足够的动力，另一方面在下坡时可最大限度地利用发动机的制动效果。

3. 自动挡汽车正确的驾驶方法

（1）不能猛踩加速踏板

相比手动挡车型，“自动挡”会有比较明显的迟滞现象，这是由液力变矩器这一“缓冲”装置造成的。这种现象的严重与否是和变速器的制造水平相关的，越好的产品，迟滞现象越不明显。尽管这样，类似的问题还是普遍存在的。此外，踩踏加速踏板的力度越猛，迟滞现象就会越明显（图5-7）。其结果就是，如此操作的结果造成了油耗的上升，但并没有获得相应的迅猛提速。此外，在猛然踏下加速踏板的时候，自动变速器会快速有“强制降挡”动作。此时，变速器强制进入低挡位，随之而来的是发动机转速的猛然提升，并相对长时间地处于高负荷状态，会对发动机及传动系统的机械寿命带来伤害。

（2）深踩加速踏板就可换到高速挡

有些驾驶人认为只要D位起步，一直深踩加速踏板就可以换到高速挡，殊不知这种做法是错误的。因为换挡操作应是“收加速踏板提前升挡，踩加速踏板提前降挡”，也就是在D位起步后，保持节气门开度5%，加速到40km/h，快松加速踏板，能提高到一个挡位，再加速到75km/h，松加速踏板又能提高一个挡位。降低时按行车车速，稍踩加速踏板，即回到低挡。但必须注意，加速踏板不能踩到底。否则，会强行挂入低速挡，可能造成变速器损坏。

图 5-7　自动变速器车不能猛踩油门踏板

图 5-8　踩刹车挂挡提示

（3）起动车辆时挡位应放在P位或N位

自动挡汽车正确的驾驶方法是将变速杆放在P位后起动发动机，而且一定要踩下制动踏板（图5-8），方可由P位转入其他挡位。P位和N位的作用都是使发动机和车轮传动系统脱离运转，所不同的是在发动机停止运转的时候，挂N位可以随意推动车辆，挂P位时，利用机械锁销把传动轴锁固在变速器壳上（图5-9），因此，若在P位状态下行强拖动车辆，必然造成自动变速器外壳的损坏，导致重大损失。同时，在停车时，也不要仅仅使用P位制动车辆，而应该牢牢拉紧驻车制动，以免使P位机械锁受力过大而损坏。

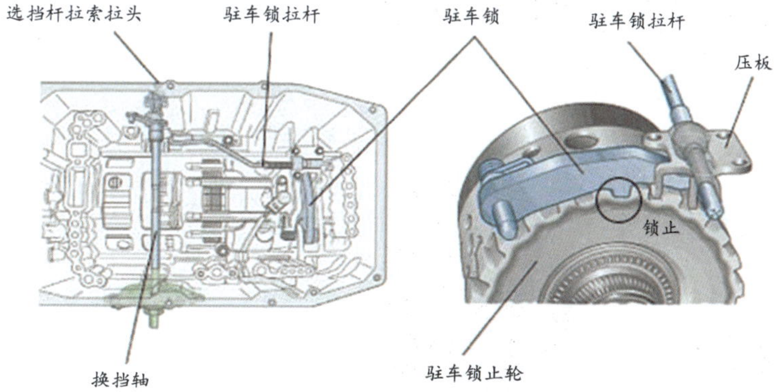

图 5-9　P 位驻车制动器结构

车辆只有在P位时才能拔出点火开关钥匙；只有在P位或N位时，才能起动汽车。P位起动是经常使用的模式。倒挡与前进挡的转换一定要在车辆停止状态下进行。需特别注意的是：绝对不能在车轮转动时挂入P位（图5-10）。

（4）高速行驶或下坡时不能挂N位滑行

自动挡车型在下坡或高速行驶时是不能挂N挡滑行的（图5-11）。因为此时变速器输出轴转速很高，而发动机怠速运转，变速器油泵供油不足，润滑状况恶化，而且对变速器内部的多片离合器来说，虽然动力已经切断，但其从动片在车轮带动下高速运转，容易引起共振和打滑现象，产生不良后果。当下长坡确需滑行时，可将变带杆保持在D位滑行，但不可使发动机熄火。

图 5-10　不能在车辆转动时换入 P 位

图 5-11　自动挡车不能 N 位滑行

（5）上坡时用什么挡

在开车经过坡道时，驾驶手动挡车型的驾驶人可以根据坡道的角度，来自己判断需要什么挡位上坡，但自动挡车型完全是由变速器根据发动机转速自己换挡，当遇到陡坡时很可能因为挡位太高转矩不足而上不去。这种情况下就需要把挡位切换到数字挡位或S（L）位了（图5-12），当然如果是手自一体的车型，可以切换到手动模式由驾驶人选择挡位。

图 5-12　上坡时放 S 位

（6）等红绿灯到底该用哪个挡位

通常较短时间的停留，比如10s以内，就直接用D位就好了（图5-13）。这样一方面可以更加灵活地操控车辆，也减少了因为频繁切换挡位造成的机械磨损，影响使用寿命。不过需要注意的是，这个时候变速器的传动系统仍然处于连接状态，依然在消耗发动机的动力，也是比较费油的，时间过长也会因为变速器油温过高而造成机械损伤。因此，在停车时间比较长的时候，建议将自动变速器切换到N位，切断动力减少发动机负荷，要注意的是，此时最好拉上驻车制动器操纵杆，防止溜车。如果停车时间预计会超过1min，那就要将变速器切

图 5-13　路口等红灯

换到P位了，这个时候变速器将处于锁止状态，就不用再使用制动踏板或者驻车制动了。

（7）自动挡车型拖车时注意哪些

自动挡车型不同于手动挡车型，当车辆熄火后，发动机不工作，液力变矩器不转，ATF油泵不工作，ATF循环也就停止了，这样的话散热可是无法保证，所以很多车辆的说明书上指出，拖车时把挡挂在N位上，拖车速度不应超过50km/h（有些车型设定为30km/h），行驶距离不超过50km，出于对变速器的保护（图5–14），这种规章还是应该遵守的，如果距离真的超过50km的话，我们建议您还是叫救援吧，用板车来拉是最保险的方法，如果必须要别的车辆拖拽，那么就放慢拖车的速度，并且中途休息一定时间，以待散热降温。

图 5–14　自动变速器故障时的拖车

二　手自一体变速器使用

手自一体变速器是一种结合了手动变速与自动变速功能的变速装置。这一技术是为了提高自动变速器的经济性和操控性而产生的，能够让由电脑自动决定的换挡时机重新回到驾驶人手中，从而提高驾驶的操作性，丰富驾驶人的体验。单从名称上看，“手自一体”就是“手动换挡和自动换挡功能在一起”的意思。其实，手自一体变速器属于自动变速器的一种，两者在本质上并无太大区别。只是增加了手动换挡的功能。由驾驶人根据发动机转速及实际路况，自己控制换挡时机。

如图5–15所示，手自一体变速器的手动模式有的车标注为“M”，有的标注为“S”（即Sport运动模式）。其实“S”和“M”的操作方式并无区别，只是名称不同而已。

a）手动模式标注“M”

b）手动模式标注“S”

图 5–15　手自一体变速器的手动换挡模式

1. 手自一体变速器换挡路径

目前在售家用车搭载的手自一体变速器，主要有直列式及锯齿式两种样式的换挡路径（图5-16），从布局上看，锯齿式换挡路径挂错挡的概率要比直列式换挡路径低。

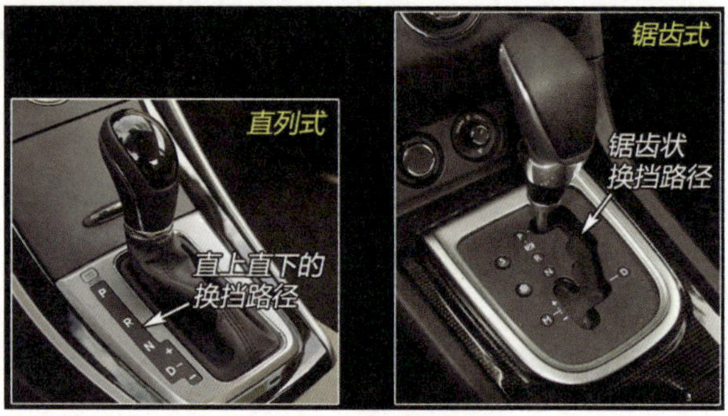

图 5-16　手自一体变速器的换挡路径

2. 手动换挡模式的换挡方法

如图5-17所示，使用手动换挡模式时，需要把变速杆切换至“M（手动换挡）”挡位，然后根据情况进行升降挡操作（图5-18）。不管哪种样式的手自一体变速器，D位和M位（或S位）都是相邻的。

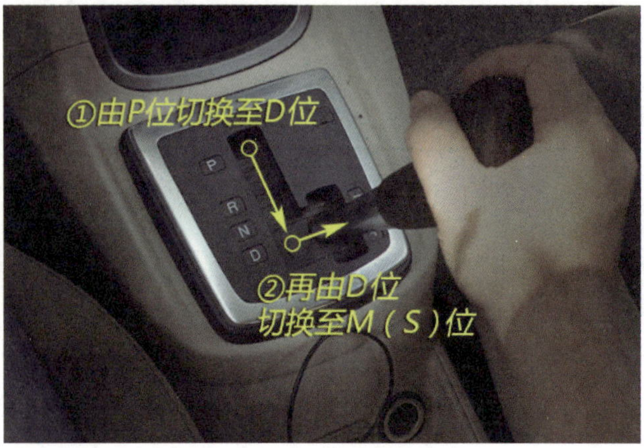

图 5-17　手动换挡的操作 1

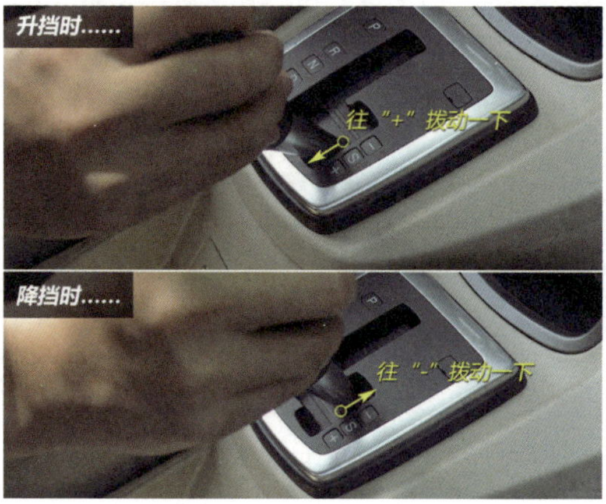

图 5-18　手动换挡的操作 2

如图5-19所示，手动模式下，仪表板的显示屏中会出现当前挡位信息，某些车型的手动模式会显示“M+挡位数”，让驾驶人心里有数。

手动模式下，除了拨动变速杆进行换挡操作之外，还有一种换挡方式比较特别，是通过变速杆上的按键来完成的（图5-20），如通用车系的别克、雪佛兰等多个车型。

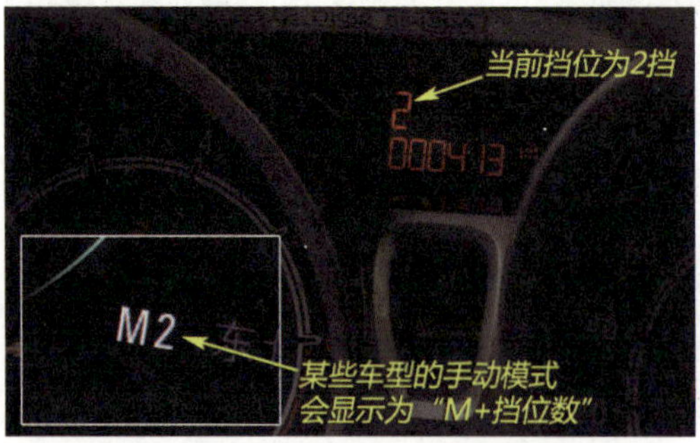

图 5-19　显示屏中显示手动换挡信息

图 5-20　通过变速杆上的按键来完成换挡

按键换挡的操作比拨动变速杆更便利，但动作却有些别扭。至于车主喜欢哪种操作方式，那就只能看个人喜好了。

3. 换挡拨片使用方法

某些中高档车型会在方向盘后配备换挡拨片（图5-21），其功能和变速器的手动换挡功能其实是一样的。使用换挡拨片的好处，在于驾驶人采用手动模式换挡时，右手不用离开方向盘就能操作，而且操作更快捷，驾驶感受更畅爽。

使用手自一体变速器的手动换挡模式时，驾驶人要根据发动机的转速情况决定升挡时机。对于日常驾驶来说，升挡转速可控制在2000 ~ 2500r/min之间（图5-22）。

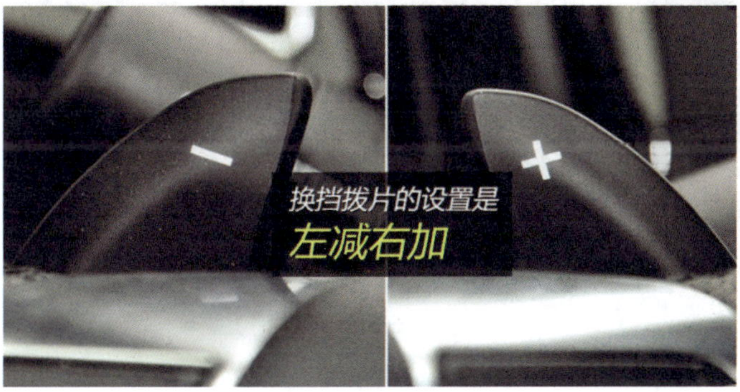

图 5-21　换挡拨片

图 5-22　升挡转速范围

4. 需要用手动换挡模式情况

手自一体变速器何时能从D位切换到M位呢，是不是要等车停下来之后才能切换呢！其实并不需要这样操作。在车辆行驶过程中，我们不需要踩制动踏板，随时都可以从D位切换至M位；换挡时，只需直接拨动变速杆或换挡拨片或按换挡按键就可以了。

此外，在手动模式下，当车辆制动或减速时，变速器是会自动减挡的，驾驶人并不需要手动减挡，除非遇上需要强行减挡的情况（比如提速超车）。

如今，越来越多的新车配备了手自一体变速器，但是，很多车主都把车开了好几万公里了，却一直用的是D位，M位手动模式几乎成了摆设。车主少用甚至不用M位手动模式的原因，无非是不懂如何用，或者是不懂在什么情况下需要用。

在哪些情况要用到手自一体变速器的手动模式?

（1）在地下车库斜坡行驶时

如图5-23所示，在地下车库斜坡（尤其是那些陡坡或螺旋形斜坡）行驶时，为确保安全，车速必须慢下来，此时可使用1挡缓下坡，充分利用发动机制动控制车速。

图 5-23　地下车库斜坡行驶

（2）遇上长距离下坡路段时

如图5-24所示，遇上长距离下坡路段时使用手动模式的低挡位（3挡及以下挡位）下坡，显然比挂D位下坡要舒服得多，起码我们不用频繁并且长时间踩着制动踏板，而且车速也能保持稳定，保障行车安全，一举两得。

（3）上陡坡的时候

如图5-25所示，当上陡坡时，应该使用手自一体变速器的手动模式，将挡位限制在1挡，以应付频繁的斜坡起步。这样操作，对变速器也是一种保护。

图 5-24　长距离下坡路段

图 5-25　车辆上陡坡

（4）在坡度变化大的山路上行驶时

如果在坡度变化大的山路（图5-26）上使用D位，那么变速器也会随着不断变化的车速频繁升降挡，时间一长，制动盘及变速器都会过热，对行车安全造成影响。所以，在山路上驾驶时也应该使用变速器的手动模式限制挡位。在上坡路段，可将挡位限制在2挡，保证车辆爬坡有力；在下坡路段，可将挡位限制在3挡（陡坡）或4挡（缓坡），利用发动机制动控制车速。

（5）加速超车时超车前

如果变速器处于高挡位，首先要做的是降挡，而不是继续深踩加速踏板。利用变速器的手动模式迅速降挡，车辆就能借助低挡位的高转矩瞬间提速，更快地完成超车动作（图5-27）。这里说的降挡，并非每次超车前都一定要降至3挡以内的低挡位，而是在当前挡位上降低一挡，保持发动机转速在2500r/min左右，便能获得提速所需的足够转矩。

图 5-26　坡度变化大的山路行车

图 5-27　超车前换低挡

三 无级变速器使用

无级变速系统（CVT，continuosly variable transmission）的内部并没有齿轮，而是以两个可改变直径的传动轮、中间套上传动带来传动（图5-28）。基本原理是将传动带两头各绕在一个锥形轮盘上，轮盘的外径大小无级地变化，便使两个轮盘之间产生从“大：小”到“小：大”的传动比变化，由此实现变速。无级变速器代表车型：日产天籁、奥迪。

图 5-28　无级变速器结构

奥迪的Multitronic变速器（图5-29）是在原有无级变速器的基础上安装了一种称为多片式链带的传动组件，这种组件大大拓展了无级变速器的使用范围，能够传递和控制峰值高达280N·m的动力输出，其传动比超过了以前各种自动变速器的极限值。该变速器的明显优势是耗能少，反应更快。

新天籁的X-Tronic CVT无级变速器（图5-30）是专门为VQ35DE发动机特别开发的，能够承受高达318N·m的转矩。金属传动带由两束金属环和上百个金属片构成，这样的结构不仅强度高，而且调节容易。

图 5-29　奥迪 A4L 的 8 挡 CVT 手自一体变速器

图 5-30　新天籁的 X-Tronic CVT 无级变速器

CHAPTER

第六章

轮胎使用与养护

一 轮胎养护

由于爆胎引起的事故占据了车祸中很大的比例，而且结果往往很严重，所以汽车轮胎是个需要特别关注的零件。

1. 正确养护轮胎

1）避免原地打方向。由于车感不佳，很多新手都喜欢原地打方向，这个坏习惯基本上是从驾校里面带出来的。原地打方向会令轮胎的磨损集中在同一个接触面上，造成轮胎局部严重磨损，缩短使用寿命。因此，车主应避免原地打方向，而应该在轮胎滚动时打方向，这样的话，地面给轮胎带来的才是全方位且均匀的正常磨损。如图6-1所示的轮胎就是原地打方向的“受害者”。轮胎表面由于磨损集中，局部已经出现圆环状的磨损痕迹，使用寿命已经进入倒计时了。

2）每月检查轮胎气压。轮胎欠压以及过压将会导致轮胎不正常磨损，缩短轮胎的寿命、增加油耗甚至会增大爆胎的概率。轮胎专家建议一个月检查一次轮胎气压（图6-2），以保证轮胎气压的正常。

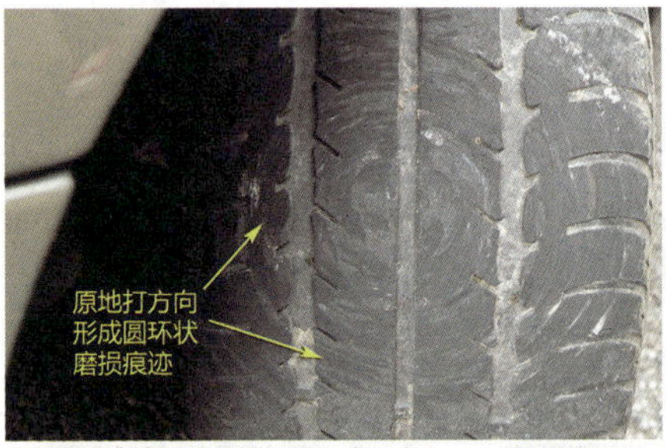

图 6-1　原地打方向造成轮胎磨损

图 6-2　轮胎气压检查

轮胎气压检查必须在轮胎处于冷却状态下进行。可以使用轮胎气压表或者胎压监控系统（TPMS）检查胎压。车辆说明书上会列明车辆各种负载状态下的标准胎压。同时，该参数也会在驾驶人车门边的标签上列明（图6-3），根据轮胎规

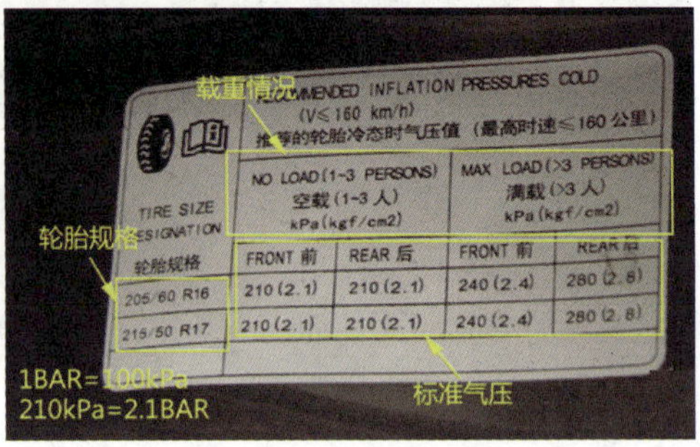

图 6-3　轮胎气压的标注范围

格、载重情况来选择相应的标准气压值。

2）注意轮胎的磨损极限标记。轮胎的磨损标记位于轮胎各条主排水槽内，是一个截面为梯形的橡胶凸台（图6-4）。当轮胎花纹磨损至与磨损标记齐平时，必须把轮胎更换掉。在雨季里，为了防止车辆在积水路面打滑，轮胎花纹深度必须保持在3mm以上。

图 6-4　轮胎磨损极限标记

3）注意轮胎安装时内外侧方向。轮胎内外侧装反会使得采用导向性胎纹轮胎的排水性能以及抓地性能大打折扣。如发现轮胎出现内外侧装反，请立即到维修店对轮胎进行重新安装。

轮胎外侧一般会印有“OUTSIDE”字样、生产日期或“DOT”标记（图6-5）。通过这三种标志的其中一个即能判断出轮胎的外侧。

4）注意轮胎的保质期。轮胎是橡胶制品，所以也会出现橡胶老化的现象。轮胎橡胶的保质期一般为4 ~ 5年。轮胎橡胶在保质期后便会加速老化导致轮胎性能下降。

如图6-6所示，“9MCR0810”是轮胎生产日期代码。其中，最后4位“0810”表示这条轮胎是“10”年第“8”周生产的产品。

图 6-5　轮胎的外侧标记

图 6-6　轮胎生产日期代码

5）切勿超速超载。超速超载是导致爆胎的主要原因，每一条轮胎上都会标有其相应的载重指数及速度等级。例如：轮胎参数“205/55 R16 91V”中，91表示载重指数，V代表速度等级。

6）定期进行车轮换位。车轮换位一般每隔8000 ~ 10000km进行一次（图6-7）。车轮换位里程应根据轮胎的耐磨指数来确定。耐磨指数大的轮胎，其车轮换位里程可适当延长一些。

7）轮胎拆装后需要进行车轮动平衡。轮胎

图 6-7　车轮换位

拆装后会导致车轮重心偏移。重心偏移过大的车轮在高速行驶时会出现严重的抖动，影响车辆的操控性及行驶安全性。所以，车轮在补胎或者更换轮胎后，必须进行动平衡（图6-8）。

由于轮胎在车辆行驶时不断磨耗，车轮的重心也会随之改变。当负责转向的前车轮重心偏移量大到一定程度时，便会出现高速行驶时方向盘抖动的情况。此时，便需要重新校正车轮的动平衡。

图 6-8　车轮动平衡

二　自我检查轮胎漏气

1. 异物扎进轮胎

扎到异物（图6-9）是轮胎最常见的损伤。容易扎进轮胎的异物包括铁钉、螺钉、铁丝、玻璃碎片、尖石子、瓦片等。在这些异物当中，铁钉和螺钉最容易将轮胎刺穿，造成轮胎暗漏，而且还会插在轮胎破损处，不及时清理的话，可能会加剧轮胎破损部位的破损程度。

检查方法：轮胎扎到异物，只要细心观察轮胎表面就能发现。假如异物扎到的部位比较隐蔽，我们还可以往轮胎表面洒水（图6-10），找到有气泡冒出的地方。如果暗漏的情况比较严重，往轮胎上洒水后，便会发出“嘶嘶”的泄气声。

图 6-9　异物扎进轮胎

图 6-10　轮胎表面洒水检查漏气

2. 轮胎侧面及内沿破损

除了轮胎正面容易被硬物“暗算”外，轮胎侧面和内沿也是薄弱环节。有的车主位置感不佳，经常让轮胎侧面蹭马路牙子，久而久之就会磨损轮胎侧面（图6-11）；轮胎内沿的破损（图6-12）相对比较少见，则是由于往轮毂上拆装轮胎时操作失误导致的，这种情况基本出现在换装新轮胎或补胎后安装轮胎的环节上。轮胎侧面和内沿破损，都会造成轮胎暗漏，还会有很高的爆胎风险。

图 6–11　轮胎侧面磨损

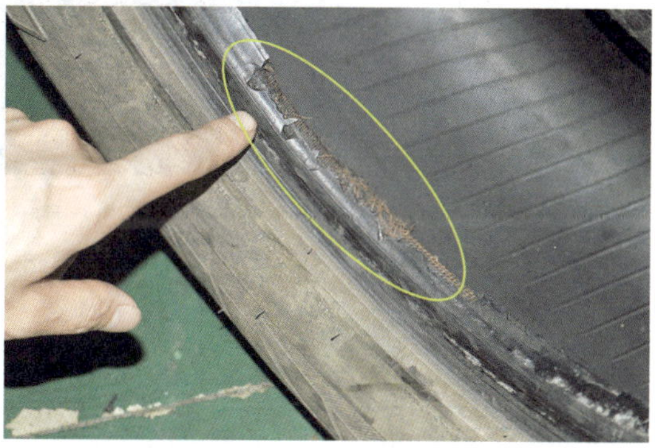

图 6–12　轮胎内沿磨损

检查方法：轮胎侧面受损程度可以直接观察出来，严重时会出现开裂和鼓包（图6-13），只要发现这种情况，一定要尽早更换新轮胎，以免出现爆胎的意外。轮胎内沿是否破损，则需要拆卸轮胎后才能检查，因此车主在维修店拆装轮胎时，可认真监督维修工的操作方式，当发现异常情况时，便能及时制止。

图 6–13　轮胎鼓包

3. 轮胎气门嘴损坏

如果在轮胎上没有发现异常，可以将注意力转移到气门嘴上。家用车基本上配备真空胎，气门嘴安装在轮毂上，其材质多为橡胶。橡胶材质的气门嘴在使用一段时间后，在日晒雨淋和胎内气压的夹击下，会慢慢老化，质感逐渐变硬，最终龟裂漏气（图6-14）。

检查方法：检查气门嘴，除了看其表面是否有裂纹之外，还可以用手摸气门嘴橡胶，感受其柔软程度。既然橡胶气门嘴容易老化破裂，那么车主不妨尝试更换金属气门嘴（图6-15）。虽然买一根金属气门嘴的钱可以买好几根橡胶气门嘴，但更耐用的金属气门嘴会让人更放心也更省心。

图 6–14　气门嘴上的龟裂纹

图 6–15　轮胎金属气门嘴

4. 轮毂凸缘变形

汽车轮胎充满气后，轮胎外沿会与轮毂凸缘紧密贴合，防止轮胎内的气体泄漏。如果轮毂凸缘遭到碰撞变形（图6–16），就会影响其与轮胎外沿的密合度，造成轮胎暗漏。

检查方法：假如轮毂凸缘严重变形，我们用肉眼就能发现；若轮毂凸缘变形不明显，则需要先卸下车轮，然后往轮胎与轮毂的连接部位洒水，产生气泡的地方，就是轮毂变形造成暗漏的部位（图6–17）。

图 6–16　轮毂凸缘变形

图 6–17　轮胎暗漏部位

5. 轮毂破裂

将这个暗漏原因摆在最后一位，是因为这种情况比较少见。轮毂破裂（图6–18），会导致真空胎内部气体从裂缝处泄漏，小裂缝也会成为轮毂断裂的隐患。可以说，这种情况虽然少见，但危险程度极高。

检查方法：如果没有发现之前四种暗漏原因，那么我们就要检查轮毂了。检查前需要将车

图 6–18　轮毂裂纹造成漏气

轮卸下，然后查看轮毂表面及内壁是否有裂纹存在。若轮毂不幸出现裂纹，那就别指望能修补好，赶紧更换新轮毂才算保险。

车主在日常用车的过程中，要经常留意观察车轮的状况，出现暗漏时不妨自检原因，到维修店后就能对症下药及早修复，还能避免被无良店家夸大问题坑钱。

三 检测胎压/为轮胎充气

在轮胎的使用过程中，胎压是一个非常重要的指标，过高过低的胎压都会造成不必要的磨损，从而缩短轮胎使用寿命。

车辆在胎压过低时行驶会出现油耗增大、轮胎磨损增大、轮圈变形并可能出现爆胎等现象，胎压过高则可能会导致轮胎抓地力减低、制动性能减弱、更容易爆胎。适时检查胎压已经成为车主日常行驶过程中不可或缺的内容。

1. 自己检测胎压

准备好一部胎压计，胎压计一般分为数显和指针两种样式（图6-19）。

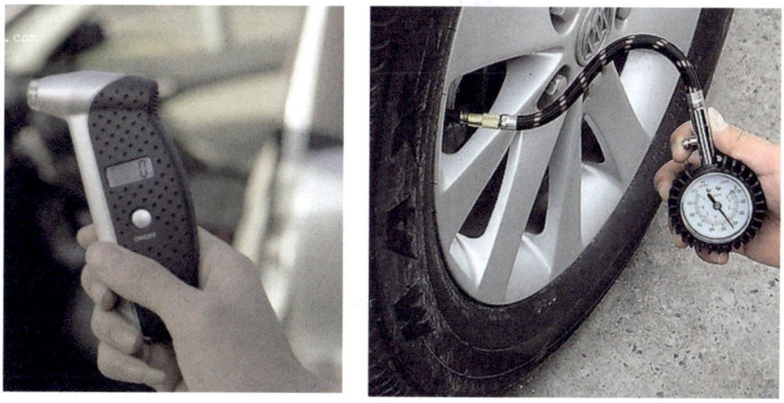

图 6-19　胎压计

1）测压前需找到原厂胎压标签的位置（图6-20）。

2）用胎压计压住轮胎气嘴进行测压。将胎压计气门接口压住轮胎气嘴，直到指针达到最高值开始读取胎压（图6-21）。操作很简单，但最好不要忘记在检测结束后，按一下胎压计的回零按钮。

3）测完胎压记得盖好气嘴帽（图6-22）。

图 6-20　胎压标签的位置

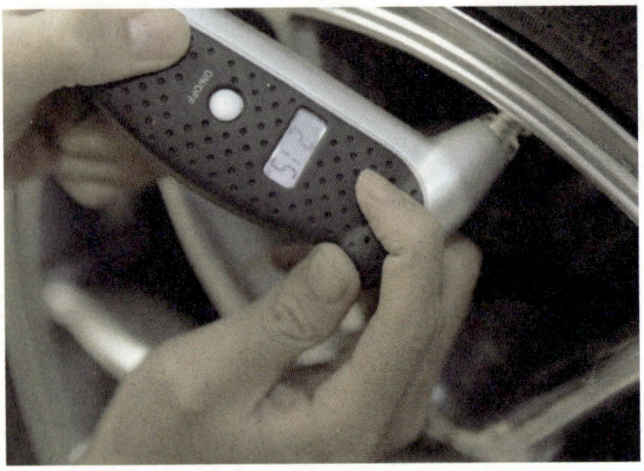

图 6-21　用胎压计压住轮胎气嘴进行测压

图 6-22　测完胎压记得盖好气嘴帽

测得胎压值后，要确定车辆当前的胎压是否与厂家给定的指标相符。如图6-23所示，厂家给出的标准胎压标示牌除了车门锁下方的位置外，一般还会出现在车辆的A柱、B柱下方门框内侧、仪表台侧面等，有些车的标牌贴在油箱盖上或发动机舱内。

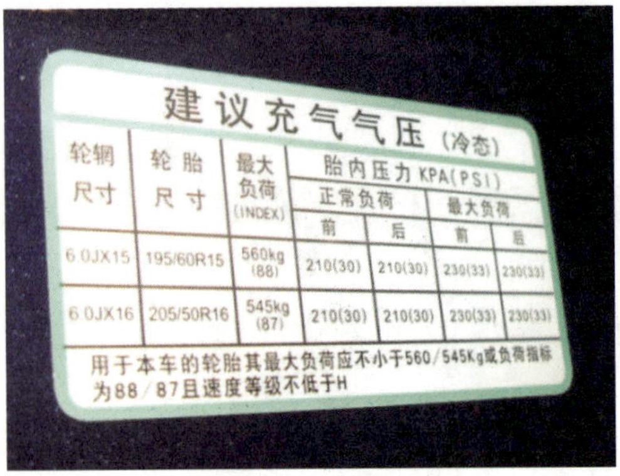

a）车厢驾驶座旁的储物抽屉处

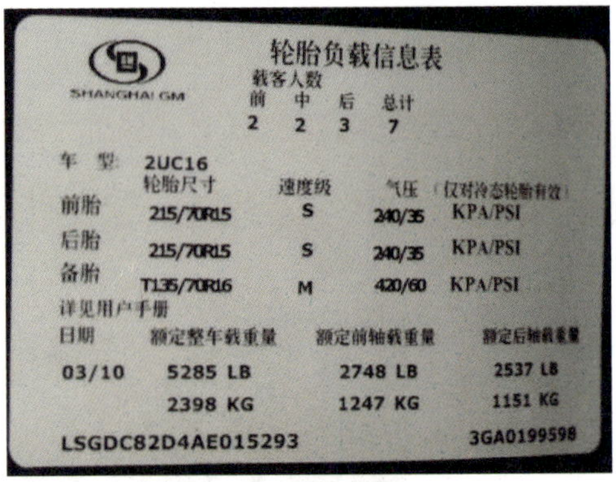

b）驾驶人的车门上

图 6-23　胎压标签安装位置

需要注意的是，车辆的常用胎压单位分为4种：kgf/cm²、bar、kPa、psi，其中1bar=10kPa=10牛顿/厘米²，psi是英制气压单位（磅/英寸²）。如果测得的胎压比原厂推荐值高，可以适当压下气嘴释放部分空气；如果测得胎压比规定的胎压低，应为轮胎充气。

2. 轮胎充气操作

为轮胎充气，需要准备充气的工具——气泵。现在市面上有很多便携式气泵，价格不高，可以买一个备用；也可以在任意一家修理铺使用专业大功率气泵充气。

充气步骤：

1）给轮胎充气时，把气泵导气管的一端与气嘴连接（图6-24）。

2）注意检查气泵与导气管之间是否连接妥当（图6-25）。

图 6-24　气泵导气管的一端与气嘴连接

图 6-25　检查气泵的导气管之间是否连接妥当

3）将气泵的电源插入车内的点烟器插孔（图6-26）。

4）气泵工作时最好在着车状态（图6-27），避免蓄电池没电。

图 6-26　气泵的电源插入点车内的点烟器

图 6-27　气泵工作时在着车状态

5）充气时，注意随时观察气泵气压表的示数（图6-28）。

6）胎压高于厂家规定压力时可以选用随身“工具”放气（图6-29）。

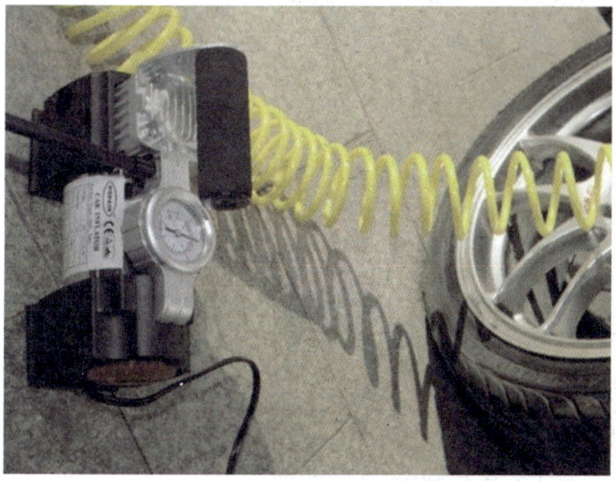

图 6-28　随时观察气泵气压表的刻度

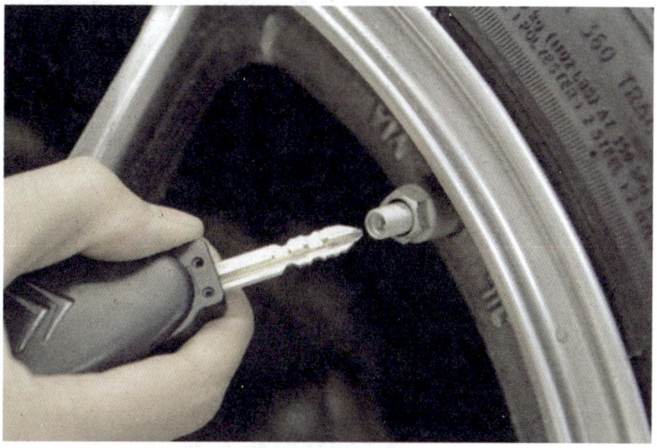

图 6-29　胎压过高时放气

7）充气完毕后，可以用水涂在气嘴口，简单测试气嘴是否漏气

当气泵所显示的胎压值接近厂商给定的标准数值时，就可以关掉气泵了，同样不要忘记盖上气嘴帽。现在各汽车厂商在用户手册上也会注明该车轮胎气压要求，允许偏差上下0.1 ~ 0.2kgf/cm^{2}的压力（10kPa ~ 20kPa）。

3. 实时观察轮胎是否亏气

有时轮胎被钉子扎透后就会出现慢撒气的情况，这种漏气的过程较慢，肉眼不易发觉轮胎的缓慢变形，应及时检测轮胎。假如没有经过检测就为轮胎充气，高速行驶时轮胎温度升高，胎内气压随之增大，而被刺破的轮胎强度又大幅度降低，轮胎受创部分就容易发生爆胎，甚至会因此发生事故。所以在每次测压充气前，都要观察轮胎是否有钉子嵌入的情况，以防危险发生（图6-30）。对于气嘴缓慢漏气的情况也需注意，可以用水涂抹气嘴表面，观察是否有气泡浮出，这样就可以简单判定轮胎气嘴是否有漏气的情况了。

图 6-30　检查轮胎是否异常

四　备胎使用信息

汽车备胎即备用轮胎，一般轿车都会备有一个备用轮胎（图6-31），其规格会与原汽车轮胎规格相同。但是在有些车子上为了提醒车主及时检查和更换故障轮胎会采用特殊颜色轮圈备胎、小备胎、折叠备胎、零压续行轮胎等形式的备胎。

图 6-31　汽车备胎

1. 全尺寸和非全尺寸备胎

汽车备胎按种类划分，可分为全尺寸备胎（图6-32）和非全尺寸备胎（图6-33）。全尺寸备胎比较好理解，就是规格与汽车四条原装轮胎规格相同的备胎，通常还会采用与原装车轮相同的轮辋，这种备胎可以充当正常轮胎使用；非全尺寸备胎则是胎宽较窄或轮辋尺寸较小的备胎，其通常采用铁轮辋，且对行驶速度有限制（最高时速不能超过80km/h），只能起到暂时顶替原胎的作用。

图 6-32　全尺寸备胎

图 6-33　非全尺寸备胎

2. 备胎的性能参数

备胎的主要参数（图6-34）与原装轮胎一样，也包括尺寸、速度等级、载重指数等。通俗地说，这些参数就是备胎能跑多快、能扛多重的能力值，行车安全离不开这些信息。

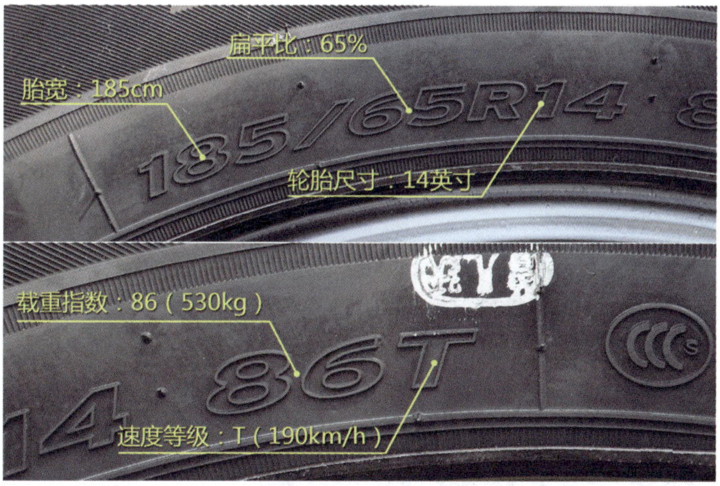

图 6-34　备胎的性能参数

3. 备胎的胎压和状态

平常还要注意定期检查备胎的胎压和状态。备胎的胎压应保持（图6-35）在比原装胎胎压高的水平（具体加高至多少要视备胎的最大压力值参数而定），防止在放置过程中漏气。车主可自备一个胎压检测仪，定期检查。

不管是否使用，轮胎都会老化，因此车主同样需要定期检查备胎状况（图6–36）。检查主要是看备胎胎面橡胶的老化和破损情况，老化或破损的备胎不能再用，必须更换。轮胎的“保鲜期”一般为3至5年，置于车内的备胎其保存年限可适当延长一两年，外挂式备胎的保存年限则视情况而定。建议车主每6年左右更换一次备胎。

有的车主习惯将没加完的机油放在行李箱里，如果机油的盖没有拧紧，渗出的机油可能会沾到地板下的备胎，油液会腐蚀胎面橡胶。

图 6–35　备胎胎压的检查

图 6–36　备胎状况检查

4. 备胎使用和禁忌

很多车主对四条使用中的轮胎都很在意，对轮胎的检查和四轮换位等相关知识也有一定的了解，但是常常会忽视了对备胎的保养。提醒广大车友注意：还要注意备胎的日常检查，不要等到某个轮胎发生意外状况，取出备胎时才发现，备胎已经无法使用。

1）定期检测备胎。日常保养中或者长途出游前，要对备胎进行检测（图6–37），而一些不专业的维修店也经常会疏忽这一点。备胎检测主要是检查胎压和有无磨损和裂痕，在胎纹磨损到磨损标志线之前，要尽早对轮胎进行更换。如果胎侧有细小裂纹，就不能用它跑长途或高速行车，因为轮胎侧壁较薄，高速行车容易发生爆胎。

图 6–37　正确检测备胎

2）备胎不宜参与调胎。对于原胎的调换使用是有严格要求的，备胎则更不宜参与调胎。轮胎的调胎本身是在权衡不同部位的磨损，而且已经不提倡左右调胎，前后调胎也存在着磨损不同的问题。备胎由于磨损不同，参与调胎将会使安全隐患增大。

3）备胎不应长期使用。备胎实际上是应急使用，不是长期使用的轮胎。备胎不管宽与窄，生产厂家都有特殊的生产和使用要求。备胎由于不是长期挂在车上运行，没有磨损，所以一个没有磨损的轮胎和已经磨损殆尽的轮胎是不一样的，备胎在车上使用本身就存在着一定的安全隐患。

用户在使用过程中，不能因为车子跑了若干公里后，就把原胎换成备胎使用。由于备胎和原胎的生产时间不一样，轮胎老化、硬化程度、寿命和变形都不一样，所以长时间使用是不安全的。备胎应该在紧急使用后，及时更换成原厂胎。

4）备胎在使用时需要调节气压。备胎气压与正胎不一样。使用备胎前，应使用气压表调节好备胎气压（图6-38）。普通低压胎的胎压在2 ~ 2.2个“气压”之间，而备胎则在2.7 ~ 3.2个“气压”之间。高压备胎一是为了保证形状，二是可以减小高速行驶时爆胎的概率，但不能长时间、高速使用。车主在换上备胎后，应该及时地找到专业人员调整胎压，把气压调到安全状态（0.27兆帕左右）。

5）备胎不要与腐蚀性物品放在一起。轮胎的主要成分是橡胶，而橡胶最怕的就是各种油品的侵蚀。车主经常在行李箱内存放润滑油等油品（图6-39），这些油一旦沾到轮胎，会使轮胎发生胀蚀，将大大降低轮胎的使用寿命。如果轮胎沾到油污，要及时用中性的洗涤剂把油污冲洗掉。

图 6-38　备胎在使用时调节气压

图 6-39　备胎不要与腐蚀性物品放在一起

6）备胎长期未用也要及时更换。很多车主认为，只要把备胎一直放在行李箱里不使用，就可以“长命百岁”，这是不对的。经常会出现这样的情况：车主在爆胎后想更换备胎，但却发现备胎在放置多年后，已严重老化，早已是废胎。因为轮胎是橡胶制品，存放时间太长会出现老化现象，一般轮胎的老化期为4年左右，因此，到4年之后就应该更换备胎（图6-40）。

图 6-40　备胎长期未用也要及时更换

7）修补后的轮胎要放在后轮使用。有的车

图 6-41　修补后的轮胎要放在后轮使用

主会将修补过的轮胎作为备胎，这些轮胎如果要再次使用，一定要放在非驱动轮上，一般中级及以下的车辆都是前驱车，而且由于前轮爆胎后汽车的方向更不容易控制，所以修补后的轮胎要放在后轮（图6-41）。

8）安装非全尺寸备胎要依照限速行车。由于非全尺寸备胎的规格与原装胎有差别，因此非全尺寸备胎上会有速度限制的标志（图6-42），一般限速80km/h。安装备胎后，驾驶人一定要依照限速行驶，以策安全。假如是在高速公路上行车，则应该选择最右边的慢车道行驶，车速不能超过80km/h，在城区道路车速应控制在60km/h以内。

9）非全尺寸备胎不能长时间使用。对于非全尺寸备胎来说，它只是“江湖救急”的角色（图6-43），最终还是要用新轮胎将其替换掉。假如长时间使用非全尺寸备胎，由于其与原装胎的差别较大，对车辆的制动性能和操控性都会有明显的影响，不能保证行车安全。而全尺寸备胎则基本上不存在这个问题，可以替代原装轮胎使用。

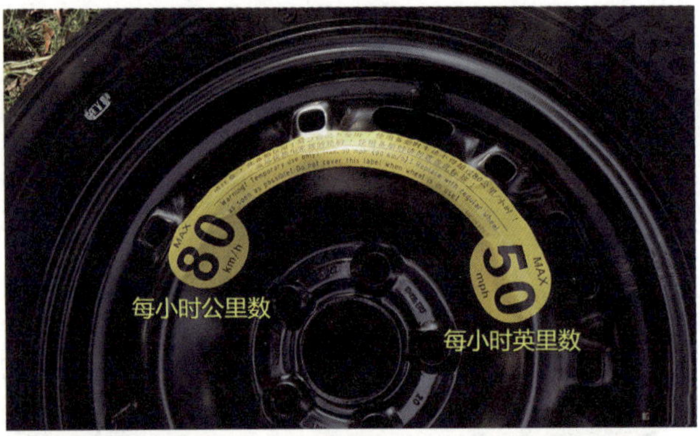

图 6-42　备胎上的限速标志

图 6-43　非全尺寸备胎和全尺寸备胎的比较

五　自己动手更换备胎

车辆在日常行驶过程中，轮胎长时间接触地面，容易发生自然损耗、非自然损伤、人为等损坏，当驾驶过程中轮胎出现损坏，应该怎样正确处理呢？

1）放置安全警示牌。发生爆胎时不要惊慌，千万不能急踩制动踏板，而应该缓慢地减速，将车辆停在尽量不会影响交通的地方，下车之后要做的第一件事就是先设立三角警告标志（图6-44）。《中华人民共和国道路交通安全法实施条例》第四章第二节第六十条：机动车在道路上发生故障或者发生交通事故，妨碍交通又难以移动的，应当按照规定开启危险报警闪光灯并在车后50m至100m处设置警告标志，夜间还应当同时开启示廓灯和后位灯。

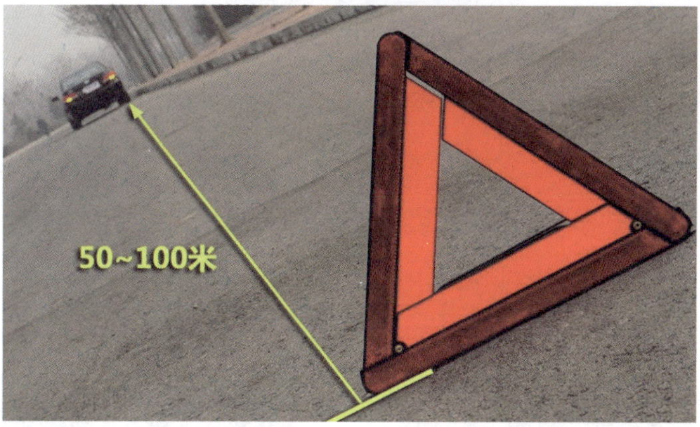

图 6-44　车后 50 ~ 100m 设置警告标志

2）找到备胎的位置。根据车型的不同，备胎一般放在行李箱地板下方（图6-45）；挂在车尾下面；固定在行李箱门外。一般情况下随车工具和备胎放在一起，平时各位可能会忽略备胎，在这里提醒大家别忘了定时检查备胎状况以及随车工具是否齐全，免得关键时刻掉链子！打开行李箱先将备胎与随车工具取出（图6-46），随车工具包括千斤顶与扳手。

图 6-45　备胎的安装位置

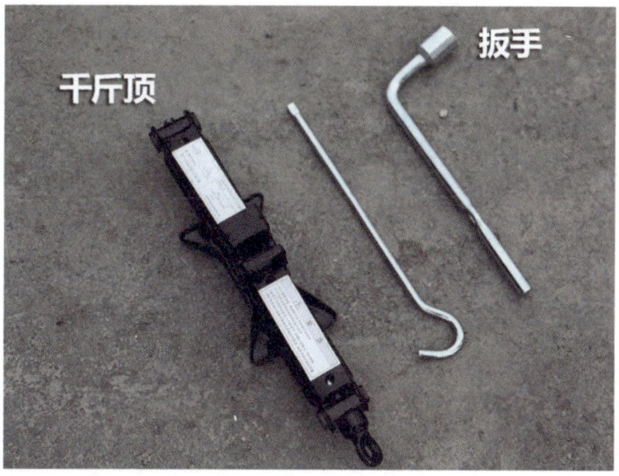

图 6-46　更换备胎随车工具

3）用扳手松开轮胎上的螺栓（图6-47）。逆时针方向为拧松，顺时针方向为拧紧。按照逆时针方向将轮胎螺栓拧松，由于固定车轮的螺栓拧得很紧，可以借助全身力量（图6-48）来松开。

图 6-47　抬起车身前拧松轮胎螺栓

图 6-48　借助全身的力量拧松轮胎螺栓

注意
Note：

在用千斤顶抬起车身之前先要给车轮螺栓拧松，但是不要完全拧下来，而是要留下最后的几扣，然后再用千斤顶把车顶起来。

4）将车身举起。用千斤顶举升车辆时车轮稍微离地就可以了，免得之后装轮胎的时候费劲，给自己添麻烦。为保证稳固，要将千斤顶对准车身上的卡槽（图6–49）。另外出于安全考虑，别忘了车升起来之后先把备胎塞到车底（图6–50）。

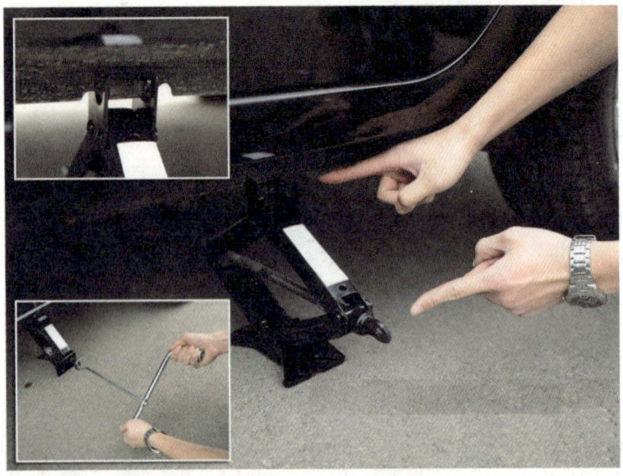

图 6–49　用千斤顶支起车身

图 6–50　支起车辆后将备胎垫到车身下以防万一

5）取下轮胎。千斤顶支起后，将拧松的螺栓依次轻松拧下，之后便可以把轮胎整体拿下，这也就意味着轮胎拆卸圆满完成。

注意
Note：

把备胎拿出来的同时也要把换下来的轮胎放到车底（图6-51），避免出现千斤顶错位导致车辆三轮着地的意外。

6）检查备胎情况。因为常年不用，安装之前最好检查备胎（图6–52）使用情况，胎压是否足够，胎面有无裂纹磨损等。

图 6–51　备胎拿出来的同时也要把换下来的轮胎放到车底

图 6–52　备胎的检查

7）安装备胎。如图6-53所示，安装备胎最为费劲的就是如何将备胎与车轮固定螺栓对齐了，车升得太高，就要将备胎举起，很费体力，最好有他人帮助，如果一个人操作建议用腿或脚顶住备胎，防止位移。

装备胎时还要注意一点，那就是不要一口气把一个螺栓拧紧（图6-54），而是要按照对角线的顺序轮流拧紧。比如某辆车有四颗螺栓，如图6-55所示，先拧左上角螺栓，拧几下之后换右下角，然后是另外的两个，拧的圈数最好相同，这样可以保证所有螺栓受力均匀。

图 6-53　安装备胎

图 6-54　轮胎螺栓的拧紧

图 6-55　轮胎螺栓的拧紧顺序

7）把千斤顶松下来移开。四颗螺栓拧上之后，将千斤顶移走（同时将垫在车下的轮胎移走），使车辆重回地面，像开始拆卸轮胎时那样，装备胎也要靠身体重量把所有螺栓拧紧（图6-56）。

图 6-56　备胎的拧紧

8）收起千斤顶之后，别忘了远处的三角警示牌（图6-57）。

换完备胎并不意味着万事大吉，接下来要做的就是在备胎限速下（一般为80km/h）开到离你最近的维修点（图6-58）进行轮胎的修补或更换。

图 6-57　收起三角警示牌

图 6-58　备胎使用的限速规定

换轮胎这个工作确实是个小小的力气活，当然也是需要一定技巧的，对于每位经常开车、喜爱开车的人都应该练习一下换轮胎的过程。每次在给车辆做保养的时候不要忘记检查备胎胎压，不要等到用备胎的时候发现胎压不足，那就比较麻烦了……

六　损伤的轮胎是否需要更换

1. 胎面损伤不用更换的情况

胎面的损伤视情况不同而确定要不要换轮胎，损伤严重的没必要修补，直接换掉。要是损伤很轻的，只要修补一下就可以继续使用了。

1）胎面插钉孔小于6mm。如图6-59所示，铁钉插入轮胎不会很大程度地损伤轮胎的结构，钢丝、帘布和聚酯层只是穿了四个洞，修补一下就完事了。这种情况看似严重，但只需修补一下，是可以继续使用的，而不用更换新的轮胎。当然更安全的是换掉它，然后把受伤的轮胎当做备胎用。

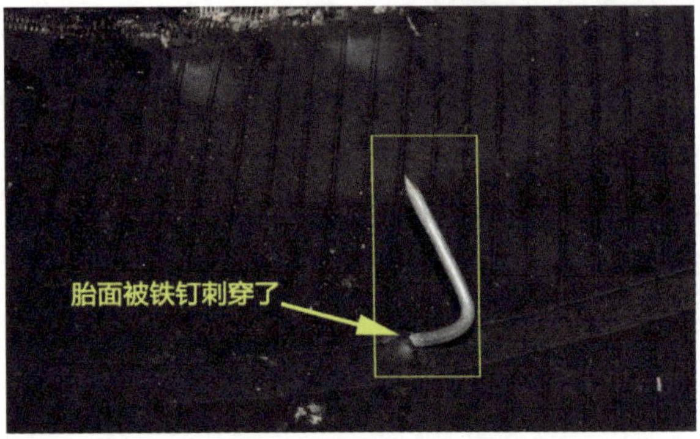

图 6-59　胎面操作较小的情况

轮胎专家告诉我们，胎面扎钉或被其他物体扎破，孔径小于6mm还可以修补，大于6mm必须换掉。由于铁钉的直径不大，但伤得比较深，所以被铁钉扎过轮胎的车主们，跑高速或走远路前要检查受过伤的轮胎状况，方可上路。

2）胎面轻微破损。胎面轻微破损的也是可以修补的，国内的路况比较复杂，路面凹凸不平、路面的堆积物比较多，轮胎的胎面受损是常见的事情。胎面受损轻微的可以通过修补的办法，延续轮胎的寿命。如果是花纹脱落（图6-60）修复也是没用的，不是严重勉强还可以使用；但如果是跑高速，或有条件的车主还是建议更换，保障行车的安全。

图 6-60　胎面花纹脱落

2. 胎侧损伤不用更换的情况

胎侧的结构虽没有胎面的复杂，胎侧也是有些情况可以不用更换轮胎，只需修补就可以了。

1）损伤轻微。如图6-61所示，对于平时不注意把车轮压到路边牙子，造成胎侧中央的地方有近1cm宽的伤痕，但没有见到帘布层，只是掉了一些橡胶而已，是没有必要更换轮胎的。平时多加留意，尤其是准备跑高速和长途前，检查一下有没有漏气，看看轮胎的损伤有没有加剧就可以了。

2）胎侧扎钉子孔小于6mm的情况。胎侧插钉（图6-62）子，只要没有破坏帘布层的帘布，修补后的轮胎还可以继续使用。胎侧的帘布是纵向分布的，只要铁钉或其他硬物没有把帘布弄断，而是从两条帘布间插入，只是插穿了橡胶，对于胎体的伤害很小，只要简单修补就可以了。

图 6-61　胎侧中央损伤

图 6-62　胎侧扎钉子孔小于 6mm 的情况

3. 不能修补必须更换的情况

轮胎的胎面或胎侧损坏严重的情况，表示轮胎已经不能继续使用了，必须更换掉，以确保行驶的安全。

1）胎面变形/胎体受损严重。胎面变形或胎体损失严重（图6-63）的情况，必须更换新轮胎。胎面变形其实是受到胎体的影响，当胎体受到很大的作用力后，其内部的结构受损，最后导致变形，胎面也随之变形，这个时候，轮胎的寿命已经宣告终结了。

2）胎面受损严重。有些轮胎的胎面接触到锋利的物体，花纹严重脱落或胎体被割裂（图6-64）。当被扎胎面的孔径超过6mm后，再修补就已经失去意义了。被扎的轮胎必须换掉，确保行车安全。

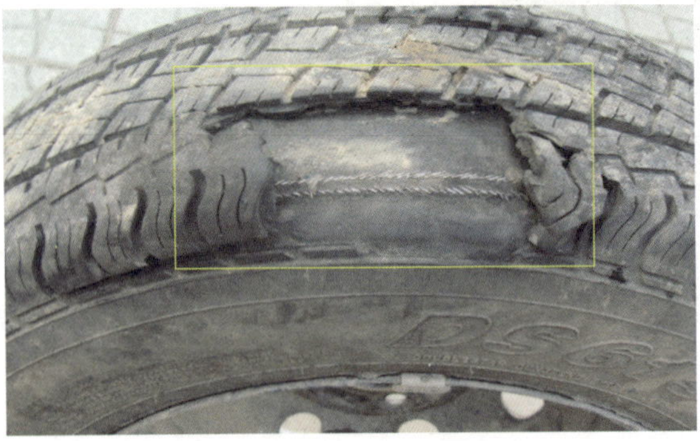

图 6-63　胎面损坏严重的情况

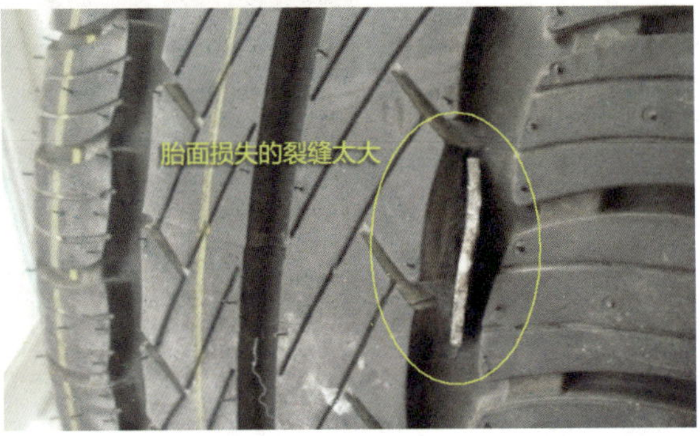

图 6-64　胎面受损严重

3）鼓包。胎侧出现鼓包（图6-65）是帘布层的帘线出现断裂的结果，出现这种情况说明轮胎已经没救了，再没有任何修补的价值，必须更换轮胎。假如勉强修补，修补后的轮胎只能是一个随时都会爆胎的危险品。

4）胎侧损伤严重。如果是胎侧的外侧橡胶完全开裂的，轮胎的气密层、帘布层、保护层等结构已经被完全破坏（图6-66），轮胎只能报废。当轮胎被铁钉扎破了，如果没有及时停下来拿去修补，车主仍旧坚持行驶，轮胎内侧被轮毂辗压导致破损严重，就必须更换新的轮胎。

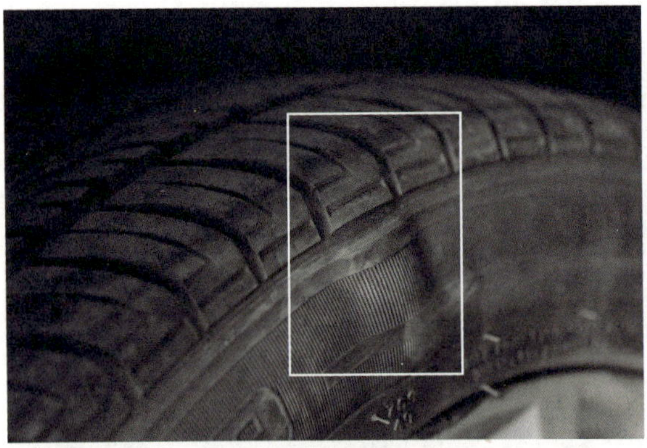

图 6-65　轮胎鼓包

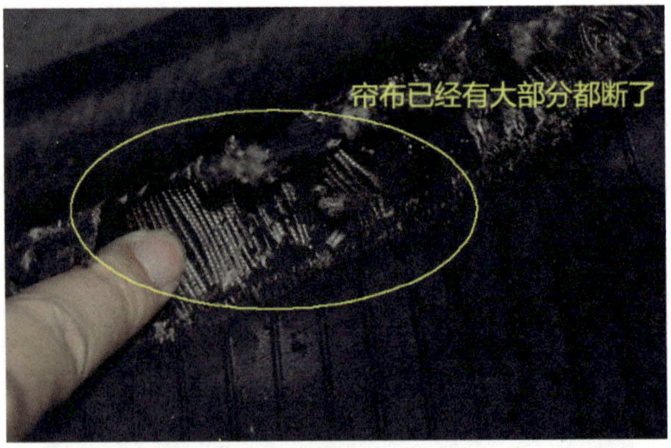

图 6-66　胎侧帘布层损伤严重

轮胎是汽车与地面直接接触的部件，它的表现直接关乎驾乘人员的安全。轮胎损伤轻微，只需简单修补就可以继续使用，平时行车前多加留意就行，能修就无须更换，而损伤严重就必须换新轮胎。

七 怎样做轮胎动平衡

1. 车轮动平衡意义

校对车轮动平衡的意义就是让车轮在转起来后保持一个平衡的状态（图6-67）。动平衡和四轮定位的区别：动平衡是对车轮的平衡进行调整，而四轮定位是对于悬架参数进行调整。

图 6-67 车轮平衡

轮圈和轮胎都是圆的，怎么转起来还会不平衡呢？其实车轮的这两大组成部分虽然造型都是圆形的，但由于细节设计不可能达到绝对圆形，比如轮圈上设计有气门嘴，这个小东西的重量就会对旋转平衡产生影响。不同材质的气门嘴重量也有所不同（图6-68），这些看起来无所谓的重量都会影响车轮转动时的平衡。

图 6-68 不同材质的气门嘴

对于本身就是软性材料的轮胎来说也是存在失圆的因素，轮圈和轮胎这两个部分组装在一起后自然也不能保证是一个重量绝对对称的圆形物体；轮圈在制造和运输过程中也会导致失圆。所以我们要对车轮有一个单独的“找平衡”的步骤。

2. 需要做车轮动平衡的情况

只要完成轮胎与轮圈组装在一起这个工作后，就需要做动平衡调整。应该注意的是，无论是对于更换轮圈还是旧轮胎换新轮胎，哪怕是什么都没换只是把轮胎从轮圈上拆下来检查，只要是轮圈和轮胎分开再次组装，就需要做动平衡（图6–69）。

除了换轮圈轮胎之外，平时也要多加关注，如果发现方向盘有抖动情况，应当优先查一下动平衡是否不正常。另外轮圈变形、补胎、加装胎压监测模块、更换不同材质的气门嘴这些因素都会影响动平衡，建议出现以上情况也做动平衡保证车轮正常使用。

图 6–69　轮胎更换完毕要做动平衡

3. 配重块的粘贴

在配平的过程中，配重块（图6–70）不能无休止地贴下去，应该本着尽可能少贴配重块的原则，因为，如果配重块过多，不仅不会使得轮胎动平衡得到修正，反而会因过多的配重块增加车轮重量，导致车轮的转动惯量增大，有可能会加重车轮抖动的程度。一般情况下，轮圈内侧一边的铅块已经使用了70克配重块后还远没有达到平衡状态，那就要考虑使用其他办法了。

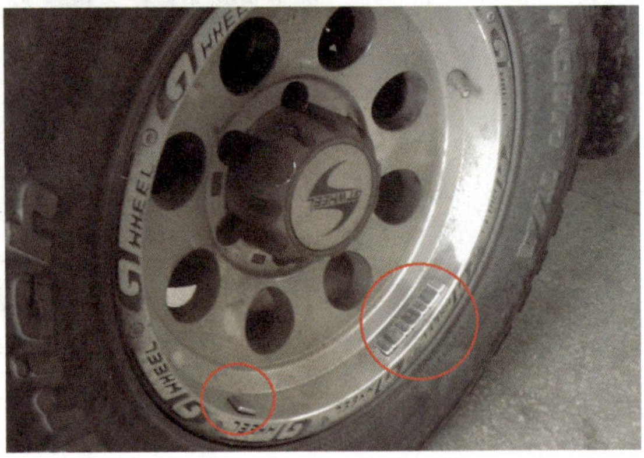
图 6–70　轮胎配重块

4. 车轮不平衡的影响

如果轮胎在滚动的时候不是平衡状态，驾驶的时候是能感觉到的，最主要的感觉就是车轮会有规律地跳动，反映到车内就是方向盘抖动（图6–71），虽然对于方向盘抖动这个现象也可能是其他因素造成的，但还是建议遇到方向盘抖动先检查动平衡，这个概率比较高。另外就是车辆行驶在某一速度的时候会产生共振，总之对于有强迫症的人来说会不太爽。

图 6–71　方向盘抖动

车轮在失衡状态下行驶，时间长了还会造成轮胎的偏磨（图6–72）。如果车轮失衡严重，那么长期处于这样的状态行驶还有可能对于轴承和悬架造成伤害（图6–73），影响机械结构的使用寿命。

图 6–72　轮胎偏磨

图 6–73　车轮不平衡对悬架寿命有影响

除了车内人员能感受到跳动之外，车轮不平衡对于车辆本身也是有一定损伤的。长期驾驶车轮失衡比较严重的车辆行驶（一般来说失衡的重量超过50g就比较严重了），那么对于轴承的寿命也是有影响的，时间长了会造成轴承疲劳损伤。另外失衡比较严重时，轮胎也可能因为不正常的横向摆动产生偏磨现象，轮胎寿命也受影响，总之车轮不平衡对于车辆本身造成的影响，是得不偿失的。

CHAPTER

第七章

车辆常见油液检查与更换

汽车上的油水是保证其正常运行的“物质基础”，就像我们常说的“人是铁饭是钢，一顿不吃饿得慌”一样，不论是哪项缺少了，爱车就不能顺畅地运行。汽车上常见油液的加注口位置如图7-1所示。

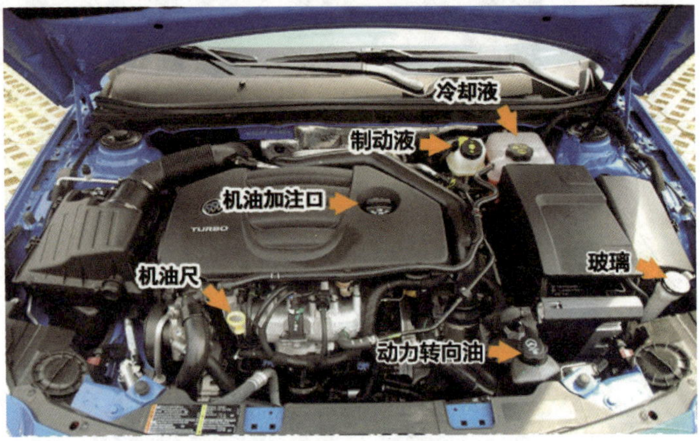

图 7-1　发动机舱内各种油液的位置

一　机油液位检查及更换

机油对汽车的重要性犹如血液之于人体，它除了能对发动机起到润滑作用，还有清洁、冷却、密封以及减摩的作用。在常规的保养中，更换机油是必备项目。由于用车环境和习惯因人而异，所以定期打开发动机舱盖检查一下机油绝对是百利无一害。

（1）检查机油剩余量

检查机油剩余量时，为了确保精准度，需要将车停在平坦的路面上，并且检查前至少应将发动机停止运转10 ~ 15min。找到机油尺的位置后，先将机油尺拉起，用准备好的白布或餐巾纸将机油尺擦干净，然后检查布或纸上留下的机油颜色（图7-2）。如要准确地测量机油油位，则需再次将油尺插回。

注意
Note：

检查机油量时，需要将油尺插到底，才能准确地测量出油量的情况。

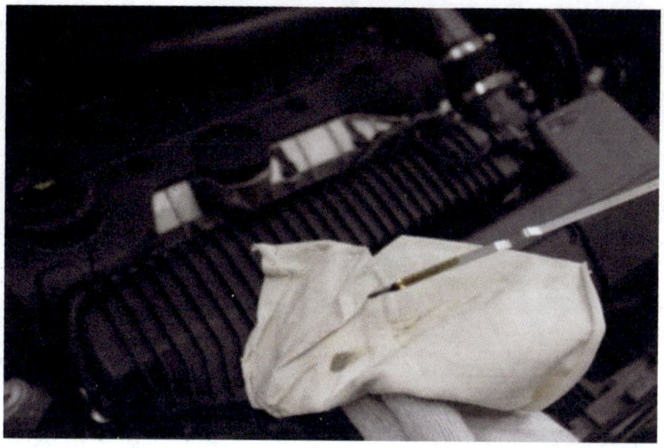

图 7-2　拔出机油尺观察油液颜色

将机油尺再次抽出来后，这时就可以准确查看机油量了。这里需要说明的是，不同品牌车型机油尺的刻度指示会有所区别。通过油迹在机油尺指示区的位置，确定机油是否亏损。一般在机油尺的顶端会有一个“计量区域”（有的是“麻点区域”，有的是“弯折区域”，有的是两个“孔洞区域”，分别代表上下限）只要机油在这个区域里就OK。如图7-3所示，最佳的位置就是这个区域的中间。

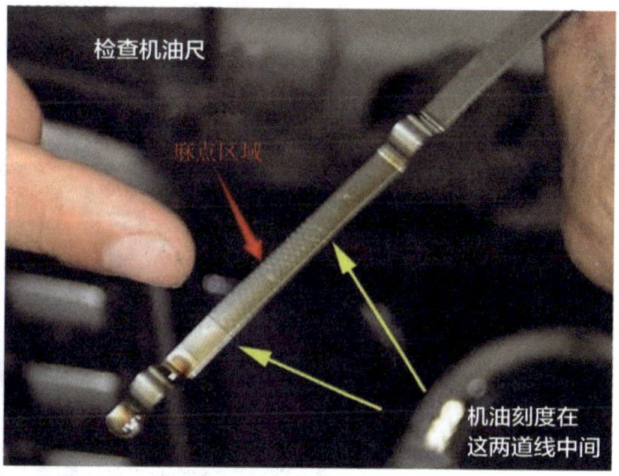

图 7-3　机油液位区域

如果低于下限，就需要添加机油。 当你在保养的时候，记得在保养的地方另外购买一瓶1升的同品牌同型号的机油放在行李箱，以用作平时加油之用。

补充机油时注意，要一点点地补充，补充一点就用机油尺再检查一下，千万不要加多了。只要机油液面过了“计量区域”的中线位置就算合适了。如果机油多了，会进入燃烧室，烧机油后破坏气缸密封性，糊住火花塞，同时还会损坏三元催化装置，造成的连带损失会很大。

检查机油剩余量虽然简单，但也有一些细节需要注意，例如将车停在平坦的路面以及测量前需将机油尺擦拭干净等，确保测量的精准度。另外，机油受路况、车况以及个人驾驶习惯影响比较大，很有可能缩短换油周期（大部分车型为3个月或5000km）。因此，学会判断机油是否需要及时更换，这对车主来说很重要。

（2）检查机油质量

检查机油是否更换，可以取一张干净的白纸，将标尺的油液滴到纸上，观察油液的洁净度（图7-4），如有金属屑等杂质，那就说明需要更换。另外，考虑到机油也会变质，如果闻到油液有刺鼻的臭味，同样要引起注意。如果机油变颜色（如呈奶昔状），说明里面可能含水了，需要及时更换。通常，机油加注口密封盖是发现机油乳化现象最为方便的途径（图7-5）。

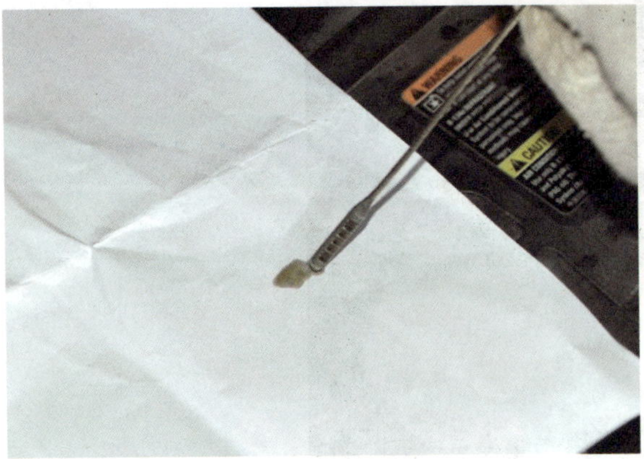

图 7–4　观察机油质量

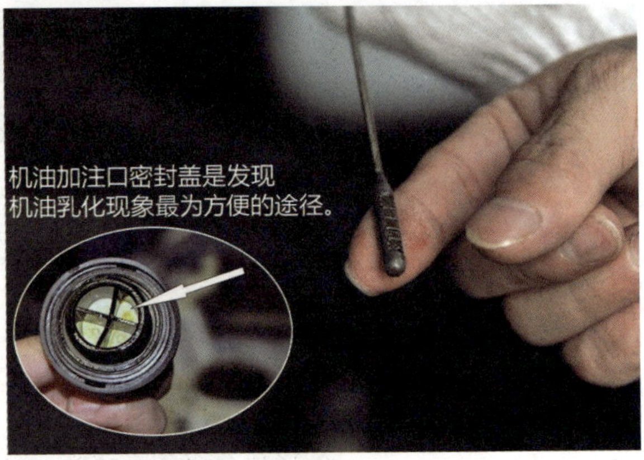

图 7–5　观察机油是否乳化

现在许多豪华车配备了电子机油尺（图7–6），通过它可直观地观察油液的液位状态。电子机油尺有一个细节需要注意，它呈现在显示屏上的不是整根标尺，而是加油范围的上下限，低于下限时，就表示要添加了。

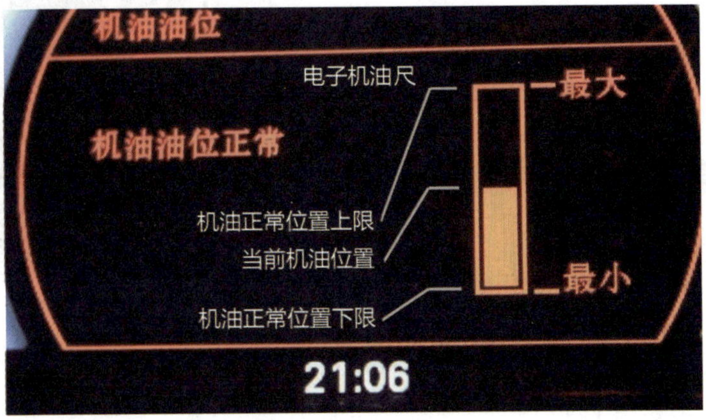

图 7–6　电子机油尺

机油含有杂质或者变质时，都会对发动机的正常运转产生影响，进而影响行车安全。对任何车辆来说，在规定的周期内完成保养都只是基础。

二　制动液的检查

制动液又称刹车油，它在车辆制动系统中传递压力，使车轮上的制动系统得以实现制动动作的一种功能性液体（图7–7），具有传递能量、散热、防腐防锈以及润滑四大作用。由于它的更换周期一般比较长，所以大部分情况下，只需要偶尔检查一下它的液位是否处于正常状态即可。储液壶上一般会有“MIN”（最小）和“MAX”（最大）的刻度标志（图7–8），当制动液介于两者之间时，说明正常。当低于“MIN”（最小）刻度时，则表明需要及时添加了。

图 7–7　制动液的标志

图 7–8　制动液壶上的刻度标志

1. 如何判断需要更换制动液

1）达到常规的保养周期，就需要进行更换。

2）发现油液明显变浑浊（图7–9）或者有乳化感，这时需引起注意并进行检查。

3）车辆行驶过程中经常出现制动无力时，同样需要进行检查，看是否需要更换。

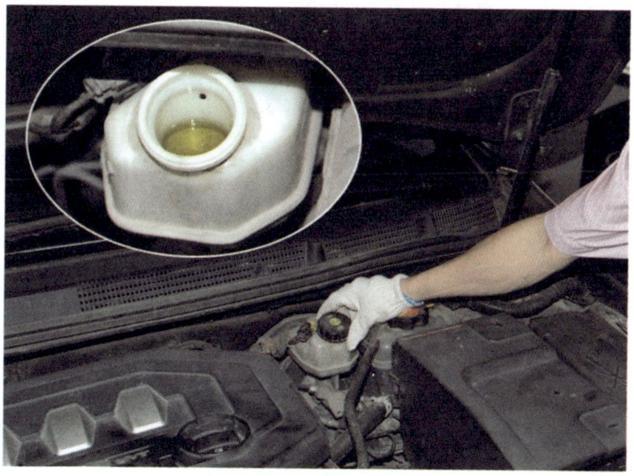

图 7–9　制动液的检查

2. 制动液的使用注意

1）不同类型和不同品牌的制动液不要混合使用。由于配方不同，混合制动液会造成制动液性能指标下降或者发生化学反应，导致事故的发生。

2）制动液吸入水分或有杂质时，应及时更换或过滤，否则会造成制动压力不足，影响制动效果，尤其南方潮湿地区的车主更需要注意这点。

3）车辆正常行驶超过2年或4万公里时，制动液很容易由于使用时间长而变质，要及时更换。

4）车辆正常行驶中，若出现制动忽轻忽重时，需要及时对车辆进行检查，如果发现制动效能发生衰退，必要时应及时更换制动液。

5）车辆在踩制动踏板时如果出现跑偏，应及时对制动系统进行全面检查。

3. 如何选购制动液

在质保期内的车辆只需要使用原厂指定级别的制动液即可，一般驾驶车辆选择DOT4级别的制动液，除非是性能跑车或者是改装车，不建议选择DOT4级别以上的制动液。

4. 制动液的更换

（1）准备工作

1）最好是三个人操作：一个负责放油（图7-10），一个负责踩制动踏板，一个负责加新油。也可以两个人：一个负责放油，一个负责踩制动踏板和加油。

2）换油前可拔掉熔丝座上制动灯的熔丝，使制动灯在踩制动踏板时不亮，延长灯泡寿命。换完了想着装回去。

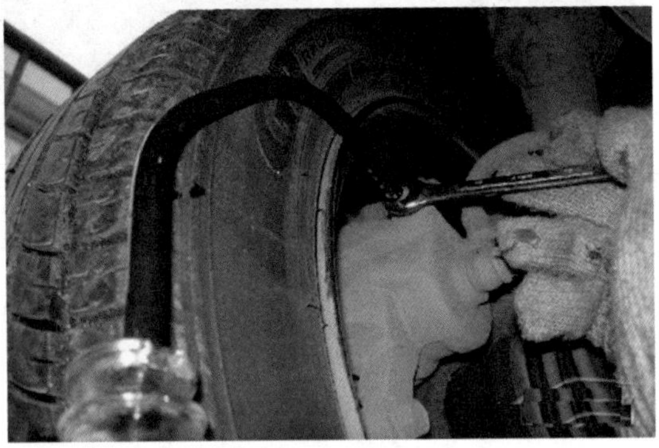

图 7-10　放油

3）比较正规的方法要准备一根长度为50cm，内径在6mm左右的透明软塑料管和一个有容量标记的透明塑料瓶。更换制动液时将软管一头插在轮缸放油口，另一头插在塑料瓶中，避免废油飞溅和影响观察更换量。

4）准备新制动液1～2瓶，一般一瓶就够，为了清洗地更干净，两瓶也行，可留做以后补充用，但下次更换制动液时最好不再使用旧油。正常的制动系统不会泄漏制动液，制动液液面只会随制动片逐渐磨薄而下降，

5）10mm扳手一个。

（2）操作

1）将车辆置于地沟上或用举升机举起。

2）一人在车下，摘掉放油口上的橡胶防尘帽，将预备的透明软管两端分别装在放油口和废油收集瓶中，之后用扳手逆时针方向松开放油口螺钉，同时车上的人反复踩制动踏板。此时制动液会从放油口喷出，注意制动液储液罐内的液面，要随液面下降随时添加新制动液（图7-11）。待出油清亮后拧紧放油口螺钉。

3）车上人反复踩制动踏板到最高点并踩住制动踏板不要松脚，车下人松开放油口螺钉，待制动液喷净后拧紧并通知车上人松开。以上操作反复数次直到放出的制动液（图7-12）中无气泡。注意制动液储液罐内的液面，要随液面下降添加新制动液。

4）到另一个轮重复上面1）～3）的操作步骤。

5）更换制动液顺序应该先远后近，就是先从制动管路的远端开始，先后轮，再前轮。特别注意，如果制动管路是“X”布局，为了避免新、旧油混合，换油、放气可以从左后或者右后开始，比如第一个放左后轮，下一个放右前轮，然后右后轮，最后是左前轮。

6）四个轮更换完成后路试，如发现制动软，不灵敏，请重复步骤3）进行放气操作，顺序依照步骤5）进行。

图 7-11　制动液的添加

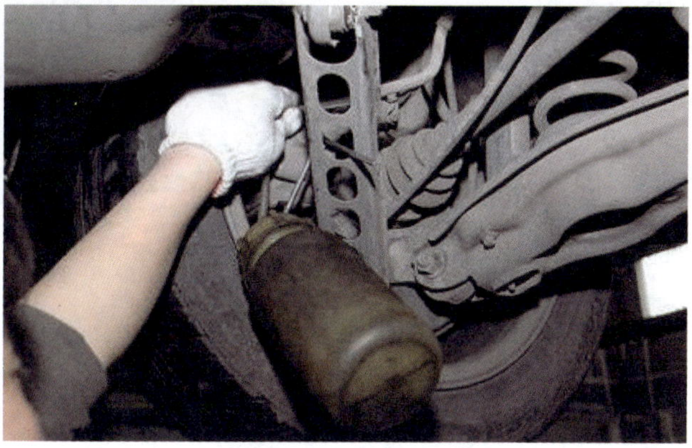

图 7-12　旧制动液的回收

三　防冻冷却液的检查与更换

1. 防冻冷却液的功能

防冻冷却液又称防冻液（图7-13），顾名思义，它有防冻和冷却两项功能。在冬季，它可以防止车辆在严寒停车时因冷却液结冰而胀裂车辆的冷却系统，在夏天则可以防止“开锅”。值得一提的是，防冻冷却液除了具有“冰点低、沸点高”的特点外，还具有防腐蚀和防水垢的作用。与制动液一样，它的更换周期都比较长。

我们都知道水的沸点为100℃，而防冻冷却液的沸点一般都在110 ~ 120℃，这对保护发动机、防止“开锅”有明显的作用。如桑塔纳发动机的工作温度为90 ~ 105℃，捷达为85 ~ 115℃，如果全部用水取代防冻冷却液的话，不但不防冻，而且在夏天还容易开锅。

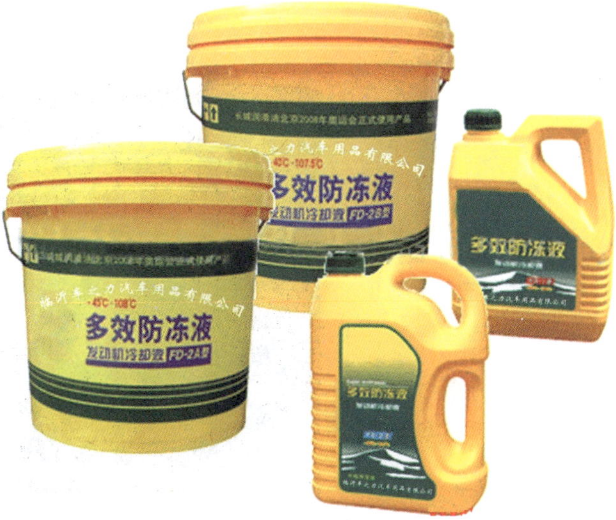

图 7-13　防冻冷却液

2. 防冻冷却液的类型

目前市面上的防冻冷却液大致有两类，最常见的是“即买即用”的通用型，防冻冷却液在使用时无须兑水，此外，整车厂商还会推出原厂指定品牌防冻冷却液，这类防冻冷却液一般多为浓缩型，需兑水使用，一般来说需要按照1:1或者1:2的比例和水进行混合后使用，最为有代表性的就是宝马原厂的防冻冷却液，它使用的就是这种浓缩型的。

3. 散热器开锅是怎么回事

我们常说的“开锅”(图7-14)是指发动机散热器中的冷却液达到沸点，并产生大量水蒸气，正如家中煮开水一样。由于防冻冷却液温度达到了沸点，会产生大量气泡，冷却系统中一部分容积被气泡所占据，就会使气缸壁周围严重亏液，从而使得发动机缺乏冷却，会使活塞、活塞环、连杆等部件的强度降低，甚至变形，承受不了正常的负荷，同时也会破坏各零件间的正常间隙，使零件间不能保持正常的油膜，轻则会使发动机拉缸、拉瓦，重则还会使整个发动机损坏甚至报废。

图 7-14 “开锅”现象

4. 防冻冷却液液面高度的检查

防冻冷却液的重要性自然不用多提，它能使发动机以正常工作温度运转。车主可以自己检查防冻冷却液的液面高度，通过观察储液壶的液面刻度，判断是否需要添加，当液面高度在“MAX”和“MIN”之间时，则表示正常(图7-15)。检查防冻冷却液液面高度时，务必要在车辆熄火后半小时以后才能进行。当然如果能在未起动过的冷车状态下进行就更好了。热车检查，操作不当会有被烫伤的风险(图7-16)。

图 7-15 防冻冷却液液面高度的检查

图 7-16　检查防冻冷却液时要防止被烫伤

5. 防冻冷却液更换周期

大部分的家用轿车都是每两年或者四万公里更换一次（图7-17）。当然这只是一个参考的更换周期，大可以根据实际使用情况来更换，因为多走一两万公里或者使用周期延长多一年半载左右，问题也不大。如果用车强度大的话，就可以提前更换。

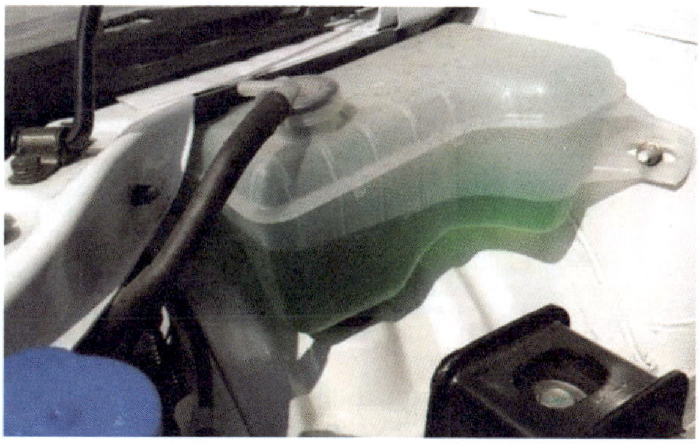

图 7-17　防冻冷却液更换周期

6. 防冻冷却液的更换

排放防冻冷却液。待发动机温度降低后，旋开防冻冷却液储液罐，在发动机下放置一个干净的收集盘，拧开放水塞或松开散热器的下水管，放出防冻冷却液。加注新防冻冷却液（图7-18）至防冻冷却液储液罐最高点标志处，旋紧储液罐盖子，使发动机运转5～7min。停车后再次检查防冻冷却液液面，必要时加注防冻冷却液到最高点标志处。

图 7-18　防冻冷却液的加注

7. 防冻冷却液渗漏的检查

检查确认防冻冷却液液面已注入最高点，安装上散热器帽检验器，施以160kPa的压力检查散热器软管或接头有无渗漏。注意：务必擦干检查处的水分。

当取出检验器时，小心溅出防冻冷却液。当安装和拆下检验器或进行检验时，小心注入口变形。如果发现渗漏（图7-19），修理或更换相应的零件。更换防冻冷却液时防止泄漏，防止热的防冻冷却液喷出伤人。要保证将原防冻冷却液释放干净（散热器和缸体中都要放掉），保证添加到标准量，不将泄漏的部分残留在车辆部件上，工序完成后确认是否有泄漏。

图 7-19 防冻冷却液渗漏检查

8. 防冻冷却液长期不更换的后果

既然防冻冷却液具备防冻和散热的作用，在这一冷一热之间，它也是会有损耗的，一般情况下防冻冷却液应两年更换一次，频繁更换会造成不必要的浪费。而如果长期不换，防冻冷却液的防冻能力就会慢慢丧失。说实际点，在夏天可能还可以凑合一阵子，但在冬天可是绝对不能凑合的。

9. 不能往防冻冷却液里加水

很多车主发现散热器里缺少防冻冷却液的时候，就往散热器里加自来水或纯净水凑合（图 7-20）。在非冬季的时候，如果发现防冻冷却液有亏欠情况，用这种方法临时应急，问题不大。但事后建议尽快将旧的防冻冷却液换掉。

图 7-20 不能往防冻冷却液里加纯净水

10. 购买请注意“颜色和配方”

主流的市售防冻冷却液不仅分为不同冰点的型号，颜色上也有所不同，颜色的不同主要有两种作用：① 颜色鲜艳的提示作用；② 不同的颜色，在配方上会有所不同。所以大家在购买之前一定要确认自己散热器里加的防冻冷却液颜色（图7-21）再买。

图 7-21　观察所加防冻冷却液的颜色

市售主流防冻冷却液目前最常见的是粉色和绿色（图7-22），不同颜色的防冻冷却液由于配方上的区别，不能混用，以免起化学反应、沉淀或产生气泡，这样做不仅会对橡胶密封性造成损害，还会造成水泵及焊缝处发生漏水现象。但同颜色、不同冰点的是可以混用的，只是会影响冰点值。比如你在-25℃的防冻冷却液中混入了-50℃的，则会继续降低冰点，反之则会提高。如果防冻冷却液发生泄漏，应及时补充同种品牌的防冻冷却液，若无同品牌的防冻冷却液时可临时补充蒸馏水或纯净水。

图 7-22　不同颜色的防冻冷却液

虽然不同颜色的防冻冷却液不可混用，但是近年来市面上还是出现了一种可以和不同颜色防冻冷却液混用的防冻冷却液（图7-23）。由于这款防冻冷却液采用了特殊的配方调制，可以和其他颜色的混用而且不会产生任何不良后果。

目前市售的防冻冷却液多为-25℃至-45℃ 的产品（图7-24），对于大部分地区来讲完全够用了，如果你真要去一些极寒地带，比如东北漠河等严寒地区，可以选用-50℃的产品。

图 7-23　可以不同颜色混用的防冻冷却液

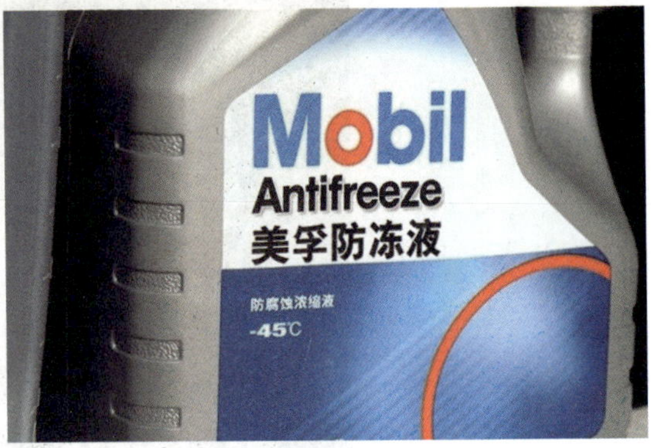

图 7-24　防冻冷却液的温度范围

四　动力转向油的检查与更换

1. 动力转向油的作用

动力转向油的储液壶标志是类似方向盘的图标（图7-25），很容易辨认。动力转向油的作用是有助于减少转向泵的磨损，起到传递转向力、减轻驾驶人转向力度的作用。一般建议每2年或4万公里进行更换，具体更换周期车主可参考保养手册上的指导值。当然，在日常用车过程中，车主除了找对储液壶位置，观察判断油液液位是否亏损之外，还要观察动力转向油的黏稠度和颜色是否出现变稀发黑。

图 7-25　动力转向油的储液壶安装位置

2. 动力转向油的检查

不同车型的动力转向油刻度标记有点差异，有的可直接通过储液壶外的刻度观察，有的则需通过标尺观察（图7-26），标尺上有“MIN”和“MAX”的刻度标志。除了观察液位，日常检查中也可以观察它的黏稠度和颜色（图7-27），如果发现明显变稀或者颜色变黑，就说明需要更换了。

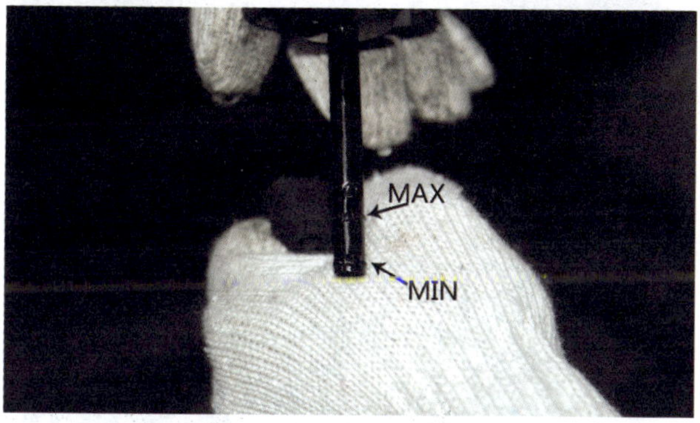

图 7-26　动力转向油刻度标记

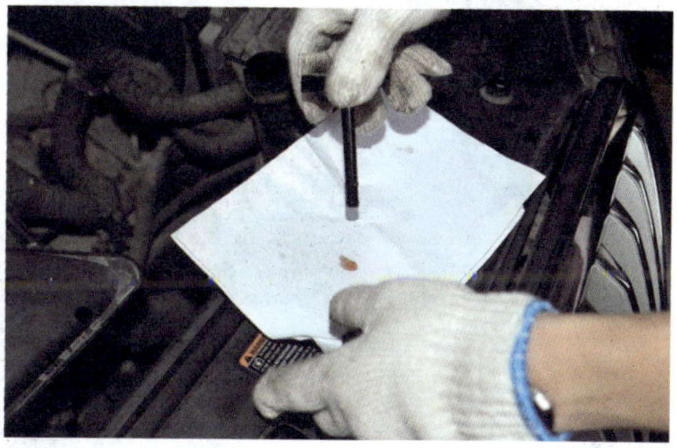

图 7-27　观察动力转向油的颜色

动力转向油有助于减少转向泵的磨损，能起到传递转向力，从而减轻驾驶人转向力度的作用。它的日常检查步骤有点类似于前面的机油检测，当然，假如你的爱车采用的是电动动力转向，那么就可以跳过这部分内容了。

3. 动力转向油的更换周期

动力转向油一般建议每2年或4万公里进行更换，具体的更换周期可参考保养手册上的指导值。在日常用车中，车主可自行通过液位判断油液是否亏损，但变质与否则需借助专业仪器才能最终下结论，建议到经销商处由专业维修技师判断。

4. 动力转向油的更换

1）准备自制的抽油器（图7-28）和动力转向油，抽油器可采用洗发水空瓶的抽吸装置。

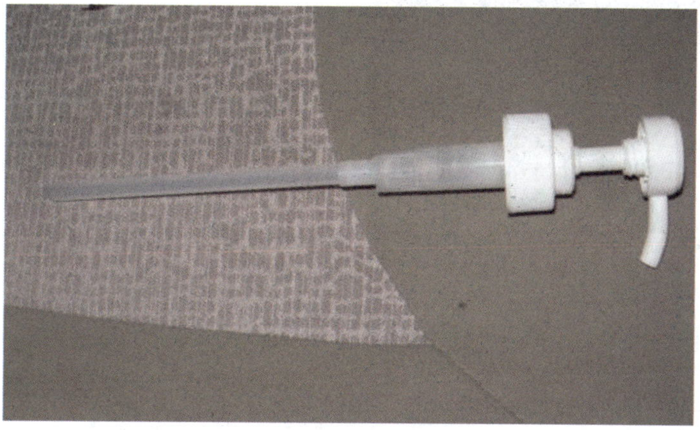

图 7-28　自制抽油器

2）逆时针方向打开动力转向油壶盖，打开前先清洁壶面上的灰尘；以免掉进油壶里。观察动力转向油的颜色（图7-29）是否变色。

3）将抽油器放入油壶中开始抽油（图7-30）。注意：一般油壶中层有一层过滤网，管子放进油壶时不要用太大力，以免插破这层网。可选择一般废旧矿泉水瓶或塑料袋来收集废旧油液。

图 7-29　观察动力转向油的颜色

图 7-30　放入抽油器开始抽油

图 7-31　滤网下面尚有部分油液

4）一般情况，在滤网下还有1/5的油不能吸到的（图7-31），再加上转向器、转向泵、管路中的旧油。这时可以起动发动机，左右打两下方向盘，旧油就回流到油壶中。然后关闭发动机，进行第二次抽油。

5）抽干后，再着一次车，此次是空油壶；所以不能太久，最多30s；来回打一次方向盘，会发出异响；然后立即关掉发动机（因为此时转向器、转向泵都缺油，不宜过长运行）再一次抽掉刚刚从转向器、转向泵泵到油壶中的残油。这就是抽出来的旧油。

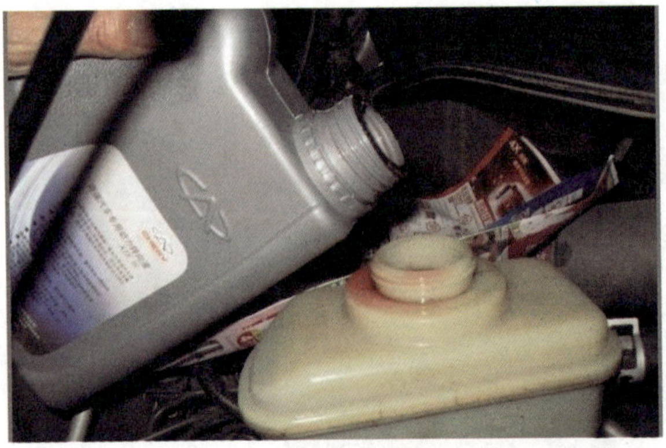

图 7-32　加入新油

6）将新油重新加满到油壶中（图7-32）到最大刻度MAX，然后起动发动机；左右来回打死方向盘多次。刚开始时会有异响，等排空管路中的空气后就不会有响声了；别担心。记得，要来来回回不停地打方向盘。打够10 ~ 20回就差不多了。

7）打完方向盘后不用停熄发动机，此时有油不用担心。下车再次检查油量，一般排空后油面会下降；此时如不够就添加到MAX位置。再反复打几回方向盘，确认油面不会再降低就可以了。

五 玻璃水的辨别

玻璃水恐怕是大家最熟悉且自行动手添加最频繁的汽车液体了，日常去除风窗玻璃上的灰尘、树胶、鸟屎以及高速公路上的虫胶等都必须靠它。

作为大家接触最多的玻璃水，液位的检查相对简单，发现少了及时添加即可（图7-33），车主们也可在车上常备一瓶玻璃水。这里需要特别提醒大家的是，不同品牌的玻璃水防冻能力会有差异，车主朋友需根据实际情况选择添加，例如北方的车主在冬季就应选择防冻能力更好的玻璃水。

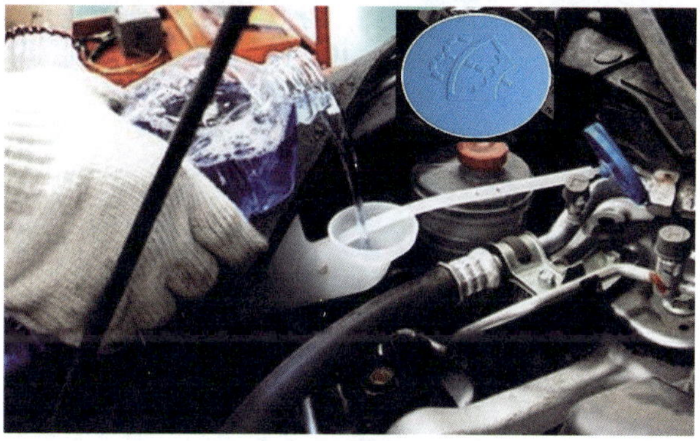

图 7-33　玻璃水的添加

1. 汽车玻璃水的作用

优质汽车玻璃水（图7-34）是由去离子水加各类环保添加剂制成的车用玻璃水，具有去污、驱水、防冻、抗静电、防腐蚀等功能。可以有效去除灰尘、润滑油、汽柴油、残余上光蜡、树胶、鸟屎、高速公路上的虫胶等。可以快速对风窗玻璃上的雨水进行分散，避免驾驶人在强降雨天气下风窗玻璃模糊不清。可以中和风窗玻璃与刮水器及空气中物质摩擦而产生的电荷，增强玻璃表面的导电作用，抗阻静电，防止电荷吸附污物，影响视野。

图 7-34　优质汽车玻璃水

优质汽车玻璃水的PH值始终处于中性，不含各种金属离子，对汽车漆面、橡胶、各种金属没有任何腐蚀作用。可以在风窗玻璃上形成保护膜，使汽车玻璃更加清澈透明，对汽车漆面无腐蚀，对橡胶无胀溶作用。

劣质玻璃水会经常出现沉淀、变色、变味等状况。由于其所含的酒精成分过高，会对汽车漆面产生不良影响，损害汽车漆面的光泽度、硬度，并且会对所接触的橡胶件和塑料件产生胀溶作用，降低这些配件的硬度，以及产生颜色差异。由于汽车玻璃水在清洗完玻璃后会流到空调进风口附近，玻璃水挥发的气味也会沿着汽车空调的通风管道进入到驾驶室内，变质发霉的玻璃水以及由劣质化工原材料制作的玻璃水所挥发的有害气味，会成为危害车主健康的隐形杀手。

2. 识别低价假玻璃水的方法

冬天气温较低，汽车的风窗玻璃极易结冰，为了不影响视线，保证行车安全，人们开始纷纷购买玻璃水进行防护，但市面有很多玻璃水并不能真正达到其宣传的效果。

1）泡沫是否丰富。在购买玻璃水的时候一定要先用力地摇晃几下，看看里面的泡沫是否丰富（图7-35），因为泡沫越多表明其所含的活性剂越多。当然，泡沫多少也不是判断玻璃水好坏的决定条件，一定要看泡沫是否细密，泡沫细密的玻璃水含有阴离子表面活性剂较为环保，如果玻璃水的泡沫非常多而大过于膨胀，说明玻璃水的环保性较差。

2）防冻性能。玻璃水的防冻性能是非常重要的，特别是对于北方较为寒冷的天气，如果玻璃水的防冻性能不好，就会影响视线给行车带来安全隐患，首先是看玻璃水的价格，在购买时一定要到正规的店面进行选购，一般情况下正规的玻璃水价格都在20元以上。另外，最好是购买后到4S店请专业技术人员用检测仪器检测一下（图7-36），这样用起来也比较安全放心。

图 7-35　玻璃水的泡沫

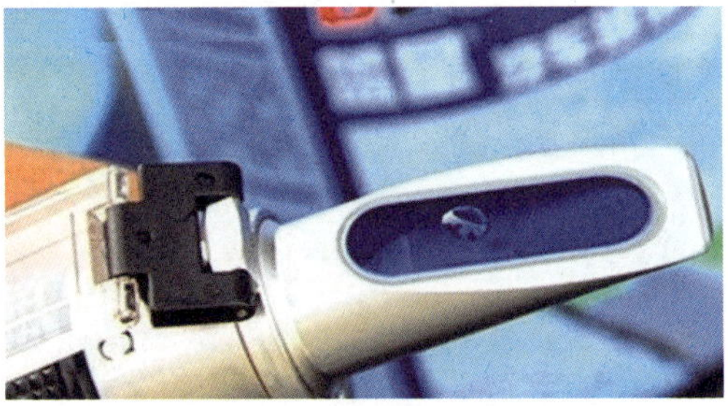

图 7-36　玻璃水的仪器检测

3）液体的黏稠度。玻璃水对橡胶刮水器起到一定的防蚀和润滑的作用，越黏稠其所含的有效成分越多。通常情况下我们在购买时可以先将瓶体倒过来看里面的气泡上升的速度，如果上升得慢说明较为黏稠。另外，还可以用手感受一下，这样更加直观一些。

4）防雾功能。优质的玻璃水会在玻璃表面形成一层单分子膜，可以有效避免风窗玻璃上雾气的产生（图7-37）。而一般的玻璃水就没有这个功能，喷洒在风窗玻璃上会涂花，较为模糊。

5）有无杂质。看玻璃水是否变质，较为便捷的方法就是将瓶体倒置，看里面有无沉淀物或杂质（图7-38），优质的玻璃水应该是晶莹透明的，如果有絮状的物体就说明玻璃水已经变质了，最好就不要用了。

图 7-37　优质玻璃水的防雾功能

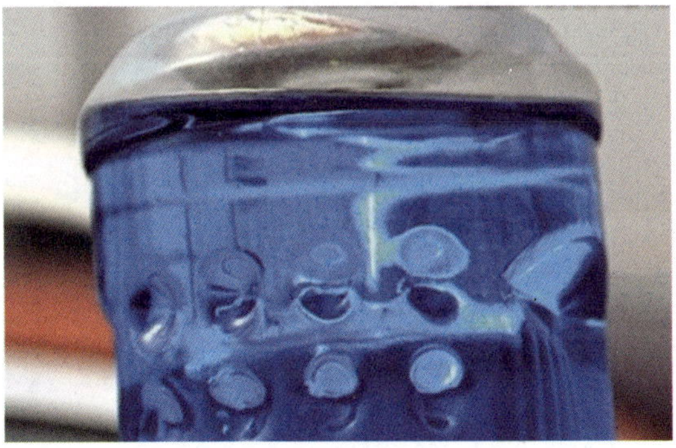

图 7-38　检查玻璃水是否有杂质

3. 自己制作汽车玻璃水

汽车玻璃水是消耗品，经常有车主自己制作，但是自己制作的玻璃水容易堵塞喷口、冬天会结冰，原因是自来水有细菌，泥沙等，时间一长玻璃水就变质，产生絮状物，就会堵塞了，怎样制作合格的玻璃水呢?

1）用纯净水。一般不要使用自来水或井水，应使用纯净水，因为纯净水经过了消毒处理，时间长了不会产生絮状物以致堵塞喷口。

2）用洗洁精。如图图7-39所示，不要使用洗衣粉，这样容易堵塞喷口，要用易于溶解于水的洗洁精，一次用3 ~ 5毫升即可。

图 7-39　使用洗洁精

3）冬天玻璃水。需要加入酒精，一般按照15% ~ 30%，可以达到零下8 ~ 15度的要求。当然从成本分析，自制的玻璃水并不划算。

如果一次性购买较多玻璃水，要注意平时存放玻璃水时一定要存放在阴凉处，千万不要被太阳直射，不然玻璃水很容易变质。